MW01701637

OMAWÄNÖ BITÁ A LÄLEMA,
CULENAJA, JUCÄALEWÄNÖ A COLEMA

Bada BÄLÖAMÖ *Cätä*

YAI BADA E TÄ A
JAMO JEI TAA CUA

RELATADO POR
P. D. BRAMSEN

ILUSTRADO POR
ARMINDA SAN MARTÍN

Relief Opportunity & Care for Kids · ROCK INTERNATIONAL · Resources Of Crucial Knowledge

Bada Bälöamö Cätä
Por: P. D. Bramsen
Ilustrado por: Arminda San Martín
Traducción por: Michael Dawson y Equipo Yanomamö

www.rockintl.org | www.king-of-glory.com

ISBN 978-1-62041-025-7

Yanomamö edition of **KING of GLORY**

• Relief, Opportunity & Care for Kids
• Resources Of Crucial Knowledge
P.O. Box 4766, Greenville, SC 29608
www.rockintl.org • resources@rockintl.org
www.king-of-glory.com

A menos que se indique lo contrario, las citas de las Escrituras utilizadas en este libro han sido tomadas de la Yai Bada E Ta A.

Sobre el autor: Paul Dan Bramsen nació en California. Él y su esposa criaron a sus tres hijos en Senegal, África Occidental, una nación de mayoría musulmana que se encuentra en la frontera con el Sahara. Bramsen escribe para un público internacional, creando recursos que relatan las historias de los profetas bíblicos en orden cronológico. Sus escritos incluyen *The Way of Righteousness* [*El camino de la justicia*] (una serie de 100 programas de radio emitidos), y *Un Dios, Un mensaje* (diseñado para ayudar a los escépticos buscadores de la verdad para que superen sus obstáculos y entren en una comprensión clara de la historia y el mensaje de Dios).

Sobre la artista: Arminda San Martín, de Argentina, escribe: "Dibujo desde que tengo memoria. Todas las habilidades que Dios me ha dado se han revertido en la recreación de las ilustraciones de *Rey de gloria*. Para mí, este proyecto es un sueño hecho realidad, una ocasión única. No puedo agradecerle lo suficiente al Señor por esta oportunidad. También le estoy agradecida a Paul Bramsen, que no solo es un escritor inspirado, sino también un editor espléndido. Doy gracias a Dios por su conocimiento y su orientación constante para alcanzar este resultado final". Arminda trabaja como ilustradora para varias casas editoriales. Para contactarla con ella, puedes escribirle a: armisanmartin@yahoo.com.ar

MIRA LA PELÍCULA **REY de GLORIA** EN DISTINTOS IDIOMAS: **www.king-of-glory.com**

Impreso en Los Estados Unidos
Printed in the United States of America

BADA BÄLÖAMÖ A DOBLAO JIMAMOBÄ. JÖDÖDÖWÄ, IJILUBÄ MACUI, BADA TÄBÄ MA CUI, BÄ BAYELIMAMOBÄ.

"¿Tä wayulãcä? ¿A wayumi, wedi ca cuma? Bejedi a wayu. Culenaja a dodijidawä. Bälöamö cäa, ya noji cuu bole."

—*El león, la bruja y el armario* por C. S. Lewis

Selección de escenas

TÄ NO DAAMOU LÄ MAO NO WEI

"Bä amiwäbö sho, Alicia a loo täjä, ai tä juliimi yalo a modama. Bä amiwäbönö libro cäcö a la dowa bole, ecö mö naleo cuje macui, noleshi ebä cuamija, a buji wedinajacämoma. ¿Wedi tä tamobä, noleshi bä cuwami täjä? A buji cuu cai loodaoma."

—PRIMERAS FRASES DE *LAS AVENTURAS DE ALICIA EN EL PAÍS DE LAS MARAVILLAS*, POR LEWIS CARROLL, 1865

Jei wacö a niya lä dowabole cäcö ja, bluca noleshi bä yai cuwa. Alicia en el Pais de Las Maravillas,[1] bejidi tä a mai. Culenaja, jei Bada Bälöamö cäcö ja, tä bejidi lä cuaanowei, tä yai jimaö.[2]

Ya buji ma quilijoö täjä, jei tä a jedolejamö ai tä a jole cuo täja cunomai, noleshi bänö jei liblo ya cäcö oniblalema.

Yädujamö, Africa jamö ya bälöo täjä, radio bäja, ya jilamoma. Yamacö jaba quemou täjä jilalewänö wamalecö walima. ¿Wedi täja radio bä yai dodidawä balöwä television bäja? Öjö täjä camanö tä a ja wäbanö, yamacö buji möblaliyoma.

Radio bänö noleshi bä yai bejedi jimaö.

Tä noji bejedi!

Pelicula, bä nowa ma bluca je ma balojoi, bei bämacö bujinö, noleshi bä lä jimaö dao wei, bä yai bejedi dodijidawä. Yai bada awano wäyälewä bänö, tä a wäyäöje täjä jawä öja ya cuwa nalea, bei ya bujinö ya tä dablaö. Noleshi tablalewä bänö täbä julii jebalojowä macui, bä bejedi jawäö.

Ya da cuu. Noleshi bä jawäö, ya tä ma daö wei, jei tä a jedolejamö ai tä a jole cuo täja cunomai, ya waböo buji doblao jeyadiyoma.

Argentina teliyoma, Arminda San Martinnö, jei noleshi bäja a ojodemou jebalojooma. Liyäjäwä dodijiwä bä oniblalema. Bluca belibo, 14 bä joyalema, bä oniblaö täjä. Bejedi, jei noleshi bäja ya bujidoblalou.

Jei täjä jei tä beji, a buji lii da daeo.

¿Libro wa cäcö niya möö täjä, wedi jamö wa cäcö niya jaba caloblaö? ¿Mötalö jamö? Ma! Cäcö jaba je lä wäleja, yacö niya caloblaö. Öjö tänö tä lä cuwa nowei, wa tä niya daö. Inaja showawä, Yai Bada wa tä a daö ojode ja, tä a jaba lä cuaa nowei, tä da möö. Öjö täjä, obisii wa tä a niya daö cuwaa jölöö.

Yai bada tä a onimalewä bänö onojowä täbä a yädä a maö ja cuwaimanö, moli tä a oni comiblalemaje. Bada Bälöamö ya tä onimaö täjä, jawä jole jole yaimalewänö jole jole liyäjäwä bä yaimaö lä culenaja, ya täbä liyäjäwä yaimaö dodijiyoma. Jei cäcö liblo jamö 70 jilamodima bä cuwa, jei jilamodima bänö, Bada Bälöamö awano jimaö. Cama Bada Bälöamö camiyä bämacö ija a lä damolaliyonowei.

Yai bada ija ya lä nacou wei, inaja ya cuu. Jei liblo ya cäcö lä onimanowei, Cajänö, jei cäcö lä möö wejei, bä buji da caloblalö. Cajä wa daö dodijiyobeje. Bälöamö wa lä bälöleja bä waloo naleyo dodijiyobä.

Bei, wa cäcö möö wawädoobä.

Paul D. Bramsen

Jaba Tä A

Doblao tä anö ya buji shidou cule. Ya wa lä ja bole, Bälöamönö wale a jilii, onimalewä imibä moyawe lä culenaja, bei cä ya aca cuwä.

Wa doblao ja dodijiyonö, äjä wanonabä wabä canablaö cai juu jälöbä. Bä lä bejedii, bä doblao jimöo lä mai … wa bä nowa tabobä … boco lojotenö wa no walojojaö dodijiyobä.

— (Wawäyälewä Salmos 45:4,5)

Jilamodima 1

Bada Bälöamö Cama E Tä Uliji

Jaba dodijiwä mashita a cuo mao täjä, Bada tä cuo bälöoma: Bada Bälöamö.

Cama a bada tämou lä dodijio wei cä a. Yanomamö bämacö buji cuu lä mainaja cä a. Jedu jamö a balimi bälöo lä dodiji cä a. Cama ija, nojimayou, buji doblao, yanöcöwä cätä. Öjamö motoca shii, shidicali anabä shii cai cuawami, Yai bada yami cama a shii jilajawä.

¿Cama a lä bälöo lä dodijio wei jamö, a yami bälööma tawä?

¿Öjö tawä?

Jödödöwä, Yai Bada Tä beji bäma tä daimi showawä, culenaja, a yami bälöaö mao no wei cätä.

Culenaja cama a nojimamobä ai bä bujima.

Yai bada tä doblao, buji jaducäwä anö, bluca shii liyäjäwä bä tablalema. Bä buji jaducäwä tablalema, angel bä waja jilaquema. Camanö bä bluca dama. Öjamö bada tä sho bä doblao bälöaö dodijioma.

Culenaja Yai bada tänö ai tä bujii showaoma, angel bä lä culenaja mai. Öjö tänö, Yai bada tänö, jedu misi jamö bita a bada bloque tablaö showalayoma, tä shii cuwa maija a bada bita tablalema, yanomamö bä bälöo beji.

Angel bä lä culenaja mai. Walo, suwä cäcöbö jaba tablalema. Cama cäcöbä ija a nojimamou buji doblaoma, Angel bäsho a lä cuwaö wejeinaja.

Culenaja cama e tä uliji jamö angel bada a buji yaitadaliyoma. Cama a bada jimöo buji doblaoma.

Angel, mashita jamö a ja quemalönö, yanomamö bä yacläamalema. Culenaja Yai Bada tänö tä daö waiquioma.

Yanomamö bä nia lä jucäawei tä daö waiquioma. Culenaja tä no nia dedeama, jawä miles y miles ijinama bä nia mladoma bä bluca cublou beji.

¿Yai bada, wedi tänö a buji li wedinajacämobä?

Cama a lä cui, jödödöwä jamö a cuwa lä waiquile cä a.

Jilamodima 2

Bada Bälöamö Cama Awano Wäyälewä Ebä Sho

Yai bada wa tä daö ojode ja, Cama e täa da möö.

Bluca dodijiwä, jawä 1,500 ijinama bä jayuo täjä, Yai bada tanö 40 wawäyölewä bä yailema, cama e tä a onimabeje. Öjö bä ija Yai bada tänö cama e täa jilama, tä a onimabeje. Bei bä imöcönö tä a onimamaje, täa shimamaje jödödöwä bä bluca lä bälöblai jamö. Wawäyälewä bä bluca lä cuo no wei, bä bluca dayonomi. Öjö macui, täa shaliwä onimamaje.

Wawäyölewä bänö tä a lä onima no wejei, Nowamano cäcö waja jilabouje. ¿Wedi täja bämacö cuwa? ¿Wedi jamö bämacö cuoma? ¿Wedi jamö bämacö nia juu? Öjö wabä daö ojode ja, Yai bada e täa a da möö, öjö anö wabä nia daö shalilio.

Yädu jamö jawä 3,500 ijinama täjä, Yai bada tänö wawäyälewä Moises a yailema, Cama e tä a oniblamabä.

> Pan bä wäö tajiyao anö yanomamö bä demöo daomi, Yai bada awa lä jaö wei awanö, Yanomamö bä demöo dao tajiyao.
> (Deuteronomio 8:3)

Yai bada e tä a moli a liblo jamö tä a oni cuwa, Santa Biblia tä a cuwa. Santa, wa cuu ja, walidiwä niquelea mai tä jimaö. Biblia, wa li cuu ja, bluca liblo bä lä moli blaliyonowei tä jimaö. Judio bä cajicö jamö, tä a cuo balöoma. Jei täjä jödödöwä uliji jamö bluca bä cajicö ja, tä a oni cublawä, culenaja, wa täa möö täjä, Tä a moli.[3]

Öjö oni tä a lä cui, bolacabi cäcö liblo jamö tä a oni cuwä.

Jaba tä a lä cui, Antiguo Testamento tä a. (Tora, Salmos ai täbä a cai). Yai bada tänö bä bluca nia lä tano wei cä tä a.

Nuevo Testamento. (Jesucristo a lä waloque nowei, Hechos y ai bä libro sho) Yai bada tänö bä bluca lä waicano wei tä a.

Testamento wa cuu ja: inaja waiquiwä, tä jimaö. Antiguo testamento tä anö, Yai bada tänö bä nia lä tano wei tä a. Nuevo Testamento, Yai bada tänö bä lä waicano wei tä a. Yaminö bä daö yalo, bä nia lä cublou wei bä onimaö dao.

Antiguo Testamento a lä cui, jawä Bada tä yainö cajä ija oni a shimama. Culena Nuevo Testamento a li lä cui, cajä ija, miji a Bada waloquema.

Tä a jaba lä waloqueno wei, Oriente medio, Africa, Asia y Europa, Öjö täjä America jamö tä a waloquema. Wa wäyölewä bä lä cui, Medio Oriente bä cuoma. Tä a bluca lä onimano wejei, jödödöwä bämacö beji, tä a onimamaje.

Cajä wa beji tä a.

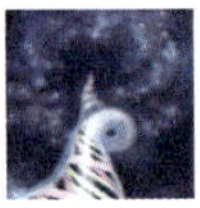

Jilamodima 3

Bada Bälöamö, Tablano Tä Bä Sho

Bä jaba lä cuo no wei jamö, bämacö juu coo dao ja cunoja.

Yädu jamö dodijiwä

Jaba dodijidawä yanomamö bämacö, bita a bada, shidicali anabä, bä bluca cuo mao täjä, Yai bada tä cuo lä shomaonowei, bä ma awa da jili.

> Jaba dodijiwä Yai bada tänö, jedu misi, bita a bada sho bä tablalema. (Génesis 1:1)

Jei täjä ai yanomamö bänö, bita a bada lä cui, a cublou bädalayoma bä buji cuu. Yai bada tänö cama bei cä awanö a tablalema, bä cuu moji. Culenaja wa tä möö täjä, tablano cätä wawädowä.

Cama e tä a jamö Yai bada tä cuu,

> Tablano bä blucanö Yai bada tä doblao jimaöje. (Salmos 19:1)

Bei cä bäma imöcö waja tao täjä, cajä cä imöcö da möo, bei cä wa imöcö cuwa maija, liblo, yaji jowamodima, martillo wa täbä juwäbou maicätä. Wa imijena bä cuwa, bei cä wa sicö sho. ¿Öjö wedi tänö bä shilo täblaö dao? ¿Yami Tablalewänö öjö bä shilo taö dao?

¿Wedinaja cuwä tä buji jaducäwä, lojotenö, daö anö, bluca dodijiwä, jedu misi bada jamö bä lä cule, demö demö bluca nashomi bä tablaö dao? ¿Cajä wa lä culenaja jawä dobä bä lä diyämou lä culenaja wa diyämamobä?

Yädu jamö tres mil ijinama täjä wawayälewä Davidnö tä a onimama:

> Näyä nosicö jamö wale comiblalema. Buji jaducuwä wanö, wale tablalema yalo, bä doblao waja taö. (Salmos 139:13,14)

¿Wa lä tablaleno wei, jödödöwä tä bada uliji jamö a lä bada tämou wei sho wa showadi bälöa buji? Awei wa bälöaö dao. Cajä, äjä mashi, äjä teli bä cai sho, wama a daö dao. Camanö a lä tano wei wa ebä bluca shaliwä daö dao. Bäma a noji owämabä, bäma a bada jimabä, cama e tä yai doblao balöwä, cama ija wano näbä wa e cuo maobä. Yami wanö wa tä shilo yaiyaö dao.

Bada tä bädawä mai, cama Bada cä a. Bada Bälöamö Cätä

Jei cama que tä a.

Parte 1

Yai Bada Tänö A Niya Lä Taö Wei Tä A

— Antigo Testamento —

Jilamodima 4
Jaba Dodijiwä Tämö Jalu

Yai bada tä a yai shaliwä. Inaja tä a cuu bäma tä dabä.

> Jaba dodijiwä Yai bada tänö jedu misi tablalema, bita a bada cai tablalema. (Génesis 1:1)

Jödödöwä bämabä lä möö wei, bämabä lä jubaö wei, bä cublaliyoma, culenaja Tablalewä, a cuo shomaoma. A mladou daomi. Doblao cä tä. A balimi cuwa waiquia lä. Jödödöwä bä bluca dablaö, bä bluca daö.

¿Cama wa waja dao lä cä? A waja bluca dodijiwä. Yai bada a waja yai cuwa. Cama e tä a lä onima no wejei, cama bä cajicö jamö, Yahweh a waja cuwa. Yahweh bä cuu ja, Ya Cuwa. Camiyä Moli Cäya, tä jimaö.

Tä jaba lä cublono wei tä juu cuwaö showaoma. Cama e tä a jamö tä jimaö.

> Bita a cadejeblou mao täjä, bloque dodijiwä a cuoma. Jödödö jamö mau u bä cuoma. Mididi je balojowä. Mau u jeyaca jamö, Yai bada tä no ujudibö juma. (Génesis 1:2)

Yanomamö bä beji, tä cadejeblaö nabä quequema.

> "Tä shii da jiwadublalu" a ja cunö, tä shii jiwadublou showalayoma
>
> Tä shii ja dalalönö, Tä waja doblao tama. Öjö täjä cäcöbö shii sheleblaö showaoma. Tä shii lä jila jai, mö jalu a waja jilaquema. Tämö lä sublei, mididi a waja jilaquema. (Génesis 1:3-5)

¿Jaba dodijiwä, wedi tä tablalema? Yai Bada cama, mididi tä jamö, a shii jilajaoma. Motoca a tablaö jaöo mao täjä. Yai bada tänö cama a shii lä lojotei a dablamaö buji doblao balööma.

> Yai bada tä shii jilajawä. Cama ija tä mididi maicätä. (1 Juan 1:5)

Yai bada tä shii jilajawä, shami cuwami. Jawa madoji shami bä ja, tä shii ma shäo wei, bei a shii shami aimi. Inaja Yai bada tä shii cuwä. Yai bada cätä dodijiwä.

¿Yai bada tänö wedi bäsho bita a tablalema? Yai bada tä no Ujudibö sho, Cama bei cä A WA cai cuo naleoma, mau ubä jeyaca ja bä a wayou cai juma.

> Mashita a bada cuo mao täjä, bei a wa cuoma. Yai bada tä sho öjö a wa cuoma. Bei a wa Yai bada tä cuoma. Jaba dodijiwä, Yai bada a wanö bä bluca tablalema. (Juan 1:1-3)

Yai bada, bei cä tä a sho, bei cä a no ujudibö sho, showadi cäbä cuoma yalo, öjö tänö ya cuu.

Cama a cuo lä balöo no wei täjä, a yami cuo nomi.

Jilamodima 5

Uliji Doblao Liyäjäwä Dodijiwä

Yai bada tänö seis tämö jalu ja, mashita a bada cadejeblalema. Bei cä awanö bä bluca bädamalema.

Jaba dodijiwä tämö jalu ja, Yai bada awa jama. "Tä shii da jiwadublalu." A ja cunö, tä shii jiwadublou showalayoma.

Segundo tämö jalu ja, Yai bada tänö, jedu misi jamö mishiaca bä taquema bämacö bluca lä jele jelemou wei, bämabä mishiaca möö dao lä mai bä cai taquema. Bämacö demöobä beji bä bluca taquema.

Tercer tämö jalu ja, Yai bada tä a jaö cooma. Mashita bä bluca da wäwäblalu. Bä bluca wäwäblou showalayoma. Öjö täjä awa jaö cooma, Uliji a bada jamö jiijibä bluca da caulö. Mishimishima, jiibä, jimo jimo bä cauwa showalayoma.

Cuarto tämö jalu ja, Yai bada tänö, motoca, belibo bä nosiyemama. Jedu misi jamö bä da cuicudu. Cajä wajäcö ija ijinama, belibo bä jimabeje. Shidicali anabä cai tablalema.

Quinto tämö jalu ja, Yai bada tä a jaö cooma. Mau ubä bluca jamö jödöwä nashomi yuli bä da cublalu. Yuubesi bä bluca lä yäö wei bä cai da cublalu. Inaja bä bluca cublaliyoma.

Sexto tämö jalu ja, Yai bada tä a jaö cooma. Mashita jamö yalo bä bluca da cublalu, bä lä blei, yalo bä lä ijilubii, yalo ulijitelimö, yalo yajitelimö cäbä. Yai bada tänö bä bluca tablalema, cama yalo bä balabä, tä jibäquema.

> Yai bada tänö bä ja mönö, bä wa ja dodijidawä tama. (Génesis 1:25)

Doblao tä cuoma, yalo bä bluca nojimayoma. Yaa jena, mishmishima, jimojimo owalewä bä cuoma. Jimojimo jibä jamö dodijidawä bä jimojimo laloma.

Doblao tä cuoma. Motoca shiinö bita jamö doblao shii jösöcaö dodijioma, belibo a cai dodijidawä jama. Mishiaca, mau ubä, shami shami bä bluca aumama. Doblao tä uliji cuoma, öjö tä uliji jamö ai tä jawä nomi. Yanomamö bä beji tä uliji liyäjäwä tablalema.

Yai badanö bä lä tablaleno wei tänö, Cama a doblao dablou.[4]

- Dia 1: Yai bada tä cadejewä. A shii jilajawä dablou.
- Dia 2: Yai bada tä lojote. Jedu misi jamö mishiaca a bada tablalema.
- Dia 3: Yai bada tä doblao. Cama a shi öjöde anö, bämalecö iyamabä, jimojimo jibä bluca tablalema.
- Dia 4: Yai bada tä buji jaducäwä. Motoca, belibo bä taquema..
- Dia 5: Yai bada tä demö. Camanö yuli bä tablalema. Yuubesi bä cai tablalema.
- Dia 6: Yai bada tä noji. Jödödöwä yalo bä ja tablaönö, öjö täjä camanö a niya lä nojimaö lä dodijiyo wei, a tablalema.

Cama a cadejewä, lojote, buji jaducäwä, demo, nojimou lä culenaja, a tablabä, etä no jäo showaoma.

Jilamodima 6

Jaba Walo Cäa

Sexto tämö jalu ja, Yai bada tä, Bei Cä Awa, bei cä ano Ujudibö bä a ja wayonö bä nowa tayoma:

> "Bei, cajä bämacö doblao lä culenaja yanomamö bäma a da tabla,[5] bita a jamö a bälöo dodijiobä, tablano bä bluca nowamabä …"
>
> Yai bada tänö, cama a lä culenaja, yanomamö a tablaö showalayoma, walo, suwä cäcöbö tablalema. (Génesis 1:26-30)

Yai bada e tä a cuu. Yanomamö, Cama a lä culenaja a tablalema. Yai bada bämä tä owäbou. Walo, suwä cäcöbö lä tablalenowei, cama a buji jaducäwä, noji, wa wayou lä culenaja, cäcöbö tablalema, cama sho cäcöbö noji tayobä. Cama a wa wayou lä culanaja cäcöbö buji jaducäwä didiquema. Cäcöbö no bleamabä, cäcöbö tablanomi. Cama sho cäcöbö noji tayobä cäcöbö tablalema.

Yanomamö bä tablaö tajä, jei bita a jamö täbä lä cule, Yai bada a beji, täbä nowamabä, bä bada tablalema. Bä bada lä tablalenowei, tä jimaö, yalo bä lä culenaja bä cuwämi.

Yalo bei a tablalema, bä demoobä tä cai jibäquema. Yanomamö, bei bämacö sicö, bei nobolebö, no ujudibö.

> Yai bada tänö, mashita[6] a ja jumöblalönö, walo a tablalema. Walo bei jiyocacö ja, Yai bada cama mishiyaca ja jolashicönö, a jelejelemomaö ja bädamalönö, walo a demö cubloma. (Génesis 2:7)

Bei bämacö sicö, mashita a cuo bädaoma. Yai bada cama a mishiyaca ja jolashiicunö, demö demö a cubloma.

Bei bämacö nobolebö lä cui: Öjö tänö bämacö buji daeo, bämacö buji jaducäwä, bäma täbä yai yaö dao.

Bei bämacö no ujudibönö Yai bada bä ma tä daö. Bei bämacönö, jei bäma täbä lä möö wei, bäma bä daö. Bei bämacö no ujudibänö Yai bada tä ija bämacö nojimou. Cama bäma a dabä, camanö bämalecö tablalema.

Bämalecö buji je ja balojonö, bämalecö tablalema. Tablalewä cäa, camanö bämalecö ibaboma.

Walo, Adan awa jilaquema. Adan wa cuu ja, Mashita wa cuu. Öjö täjä suwa a nia li tablaö, culenja, a tablaö jaöomao täjä, bä niya lä cuo wei, tä cadejaö balöoma.

Adam a niya lä cuo wei, a ojodamobä, tä bujimoma.

Jilamodima 7
Uliji Liyäjäwä

Mashita[6] anö yanomamö a ja tablalönö, mishiaca ja jolashiicunö, a demö jocädamalema. Yai bada tänö Eden a ulijija jamö, jicali a taquema.

Jicali a mötalö jamö mau blushishiwä u jayuoma.

Yai bada tänö jödödöwä bluca nashomi jimo jimo liyäjäwä bä lä lalou wei jibä taquema. Öjö a jicali mötalö jamö, Balimiblamamodima, Walidiwä no öjöböamamodima, jicöbö cai ublamaquema.

Eden a jicali jamö a walo bälömaquema, jicali jamö bä lä cule bä nowamabä. (Génesis 2:9,15)

Yai bada camanö, Eden a jicali ja, Adan a bälömaquema. Yai bada tänö a tablalema yalo, Adannö tä lä buji wei, bä bluca daö waiquioma.

Jicali liyäjäwä jamö, Adan a bälömaquema. Jödödöwä camanö täbä lä bujii wei, öjamö e täbä cuoma. Mau cubä, piyomö cäbä, jole jole cäbä, yalo cäbä, jimo jimo cäbä, Jii cä jii bä, yöö besi cäbä. Jödödöwä bä lä bujimou wei e täbä cuoma.

Adan a lä tablalenowei, jicali jamö a iyaö cai bölöaö bädaobä, a taa nomi. Cama nodiwa bä beji a bada cuobä, Yai bada tä ija bä lulubobä. Yai bada tänö a wababä, jicali jamö a bälömaquema.

Adan ija, jicali a nowamabä, ojode tä jibäquema,

Jicali liyäjäwä dodijiwä a cuoma. Mösöcö bä cuonomi, ucushi bä cuonomi. Tämö shilo jalu doblaoma, maa a ma quei ma mai jeujeu bänö bita a bada jeleamama.

Adán a nosiyemaö cooma, yalo bä waja bluca jilaabä.

Yai bada tänö Adán ija bluca nashomi yalo bä ja walomacönö bä waja bluca jilaquema. Ai cä tä bada ashi, dibiquiwä liyäjäwä dodijiwä. "Öla cä a bada," Adannö awaja bada jilaquema. Ai tä bada yäö cuimi, "mojomö," Adan a lii cuu. Inaja jödödöwä yalo, yuubisi cai, Adannö bä bluca wa jilaquema.

Adannö yalo uliji tälimö cäbä, yoobesi cä bä, yalo yaji tälimö bä bluca waja jilaaquema. (Génesis 2:20)

Eden a ja culanö, Adannö Tablalewä a no öjöböa bä.

Adan a waba mobä e tä waloquema.

Jilamodima 8

Walidiwä, Nomamaö

Jaba, Yai bada tä sho Adan a nojimoma. Culenaja, Yai bada tänö a wabama. ¿Bada Bälöamönö, wale a niya juwaö, wale a niya joyaö bädao? Tä daö ojoteoma.

Yai bada tänö Adan a nojimaö jebalojoma. Yai bada tänö jawä noleshi a wa wayou dao lä mainaja, a tablanomi. Cama a wa juamobä a tablalema.

> Eden jamö bä nowamabä, a bälömaquema,. Yai bada tä a jama. Jei ji bä jamö jimojimo wa bä waö dao. Culenaja, dodijidawä-walidiwä no öjöböamobä ji lä cui ja, a jimojimo owa dijä. wa waö ja, wa nomalö.
> (Génesis 2:15-17)

A lä wasi no wei e tä jijuo nomi. Jödödöwä jimojimo wabä waö dao, Yai bada tä cuma. Culenaja moli ji ja bä waö wasima. A wano bejedi yuboma ja cunoja a lä wasino wei a taö cadido no a cubi.

¿Wedinaja e cuma, a waö lä wasi no wei a taimi täjä?

¿Jimijimo wa lä waö wei tämö jalu ja, wa doblouwä? ¿Yai bada tä cuma lä cä? Jimojimo wa waö ja, äjä walidiwä wa bä mladamabä, bluca dodidawä wa niya shilo taö. ¿Yai bada tä cuma lä cä?

Ma, inaja a cunomi. Yai bada tänö a nowa tama, jimojimo wa lä waö wei täjä, wa nia nomaö.

> Yai bada a wa juwaö lä majei, bä wa ja walidiwä talewä taö. A wa juwaö lä majei bä nomaö. Cama e tä a jamö, a cuu, walidiwä wa taö je yadio ja, wa nomaö wä. (Romanos 8:2)

Yai bada tä cuu, walidiwä wa taö ja, wa nomaöwä.

Yai Bada tä ija wa lä sheleleblou wei, nomaö tä jimaö. Adannö, Yai bada tä a juwa nomi yalo, jawä jii ji boco cäblano jäwäö lä culenaja, a cublaliyoma.

Adannö Yai bada a wa juwaö maija, camanö tä taö buji lä doblao wei, tä taö bädao ja, cama a jeou jimöowä. Jeou, walidiwä tä cuowä.

Walidiwä anö bämacö nia walo badamaö, bämacö nomamaöwä. Walidiwä anö Yai bada tä sho bämacö noji nia tayuo mladou. Walidiwä bä wayu.

Jilamodima 9

Jaba Suwä Cäa

Adan ija ojote tä ja jibäcönö, moli a jimojimo waö ja wasilönö, Yai bada tänö suwä a nia tablama.

> Yai Bada tä cuma, Walo yami a cuo täjä a doblou maicätä. Cama a lä culenaja cama bayeli ya e da tabla.
>
> Walo a mia ja sublacönö, a mio täjä bei cä lebonau ja ucälänö, cama walo a lä culenaja, suwä a tablalema. Adam ija a jibäquema. Suwä a ja dalalönö a buji doblao dodijioma.
>
> Jei bei cä ya u, jei bei cä ya yaji, a ja cunö, suwä a waja jilaquema. Bei cä ya u jamö a ucälema yalo. (Génesis 2:18,21-23)

¿Wa tä daö? Wedinö jaba yanomamö cä a janöma, ¿Wedinö jaba walo ija suwa cä a jibäquema,? Awei, Yai bada tänö.

Adannö bä suwäbö Eva a waja jilaquema. Eva wa cuu ja, jödödöwä yanomamö bä nööbö cä a, tä jimaö. Adan a nowa lä culenaja, suwä a nowa cai cua. Adan, Yai bada tä ija a Yai bada tämöu lä culenaja, öjö lä culenaja, suwä a cai Yai bada tämou beji a tablalema. Yai bada tä sho bä noji tayou shiwalibä.

> Yai bada tänö bä bluca lä tablale no wei, bä ja mönö, bä wa ja doblao tama. Tämö ja mididiblonö tä mö jalu ja coonö, sexto tämö jalu cuoma.
>
> Cama ojote tä ja waicanö, septimo tämö jalu ja Yai bada tä mishi joluma. Öjö tämö jalu ja, Yai bada tä ojodamo nomi. (Génesis 1:31;2:2)

¿Wedi täjä Yai bada tä mishi joluma? A lä ojodemo no wei bä bluca waicama yalo. Yai bada tänö ojodemou beji tä bä möjalu jimama. Septimo tämö jalu lä cui, mishi jolu beji tä li jimama. Öjö bä owämaö showao je.

Yai bada tänö Adan, Eva cäcöbö nowamaö dodijioma. Cäcöbö cai nojimaö jebalojoma. Showadi tämö wäyaö täjä jicali a bada jamö Yai bada tänö cäcöbö je shilo waloma, cama ija bä buji doblao dodijioma.

> Adan y Eva cäcöbö shilooma, culenaja cäcöbö quili nomi. (Génesis 2:25)

Tä uliji bada liyäjäwä jamö, walo, suwä cäcöbö doblao bälöama, Tablalewä sho bä noji shilo cai tayou dodijioma. Öjö lä culenaja a uliji jaba cuo dodijioma.

¿Wedi tä walidibloma?

Jilamodima 10

Yai Bada E Tä Shii jilajawä

Mashita jamö bäma tä dablaö jaöo mai, jedu jamö bä lä cublono wei bämabä daö da balöo.

Jedu jamö, ai uliji cäa, a bada uliji shii jilajawä, liyäjäwä dodijiwä, bä amowamou liyäjäwä dodijiwä, öjamö bä a wayou liyäjäwä dodijiwä. Bä cai doblao ojodemou, mashita a bada je dole jamö tä doblao dodijiwä.

Bada Bälöamö cä tä ulijibö.

Cama tä buji doblao lä culenaja, a uliji doblao dodijiwä. A uliji balimi blaucuwä jamö a bada dablamou jödödöwä.

> Jedu jamö oro bä yaji cuwa. Jawä walalawä bä mömou cuwä.
> (Apocalipsis 21:18)

Apocalipsis cäcä libro jamö, jedu jamö tä lä culadi tä jimaö. Wawäyälewä Juan ija bä bluca mömama. Bä mömaö täjä, bä bluca da onima. A nowa tama.

> Jedu jamö dicäomodima ya dalalema. Ai ya tä dicäa dalalema. Jedu cäcä shii liyäjäwä jejayoomama. Tämö yami yamimoma, tä icali blösö blösömoma, yalu awa cai jama. Dicäomodima a cotä jamö mau blushishiweä, jawä caculu a walalawä lä culenaja, u liyäjäwä caläma.
>
> Ya tä möö täjä, angel ya bä a jililema. Dicäomodima tä je jayobomaje. Bä bluca owämamou dao lä mainaja bä cuo dodijioma. Bä a jaö coda codamoma. "Doblao, doblao, doblao, Yai bada lojote dodijiwä. ¡A lä cuo no wei, A lä cule, a nia lä juu coo wei, cä a!" (Apocalipsis 4:2-4:8)

Angel wa cuu ja, shimano wa cuu. Angel no ujudibö cäbä. Yanomamö bämacö ija bä dablamou daomi. Yai bada tänö bä nosiyemaö täjä bä shilo dablamou dao.

Yanomamö bä tablaö jaöo mao täjä, angel bä jaba tablalema. Yai bada e tä a jamö tä a cuu, "Bita a bada tablaö möö je täjä, angel bä icali lalöbloma." (JOB 38:7)

Angel bä tablaö täjä, cama Yai bada a dabeje, awa juwabeje, awa doblao ta beje, bä cuo shiwalibä, bä tablalema. Bä no bleamabä bä tablanomi. Inaja showawä, bämalecö tablalema.

Yai bada tänö angel ai jedolewä a tablalema. Lojote. Buji jaducäwä. Liyäjäwä a tablalelma. Tä a oni cuu.

Jilamodima 11
Omawä E Tä Mididi

Lucifer, Yai Bada nosiemano bada e cuoma. Shii jilajawä a waja cuoma. Wawäyälewä Ezequielnö Lucifer a buji juducäwä, shii liyäjäwä lä dodijii, a waja wäyäma. (Ezequiel 28:12) [7]

Culenaja, Lucifer, Yai bada tä ija a mamo yäobä a ma cuo nowei, cama a möo aiyo quidooma. Tablano a ma cui, tablano cäya, a buji cu nomi. A liyäjäwä, buji jaducäwä, doblao jimöo bädaliyoma.

> "Yai bada shidicali e bä jedole jamö, iba dicäomodima ya nia taaö. Öjö täjä, ya bada jimamou wä. Yai Bada tä lä culenaja, ya nia cublou." A cuma.
> (Isaias 14:13-14)

Lucifer bada a cuo buji doblaoma, Yai bada tä lä cuu wei a taö mojioma.

Öjö täjä walidiwä tä bädaliyoma.

Lucifernö, bluca angel bä ja cocablalönö, öjö bäsho, Yai bada tä ija bä waitelimoma. Culenaja, Yai badanö, cama e uliji jamö, bä bluca joyaa showalema.

Lucifer a waja lä cuo no wei, Omawä, a waja jilaquema. Mölamalewä a waja cai jilaquema. Angel bä lä walidiblaliono wei, jecula bä waja cuwa.

Uliji mididi, jitäwä, tä bada cuo bä ja, Yai bada tänö omawä, cama jecula ebä sho, bä nia lä joyaö wei tä uliji tablalema. Öjö tä uliji, shobali wacä waja cuwa, modo u blaucuwä lä culenaja, wacä cuwä. Öjamö joyano bä nia cuo shi walii, walidiwä talewä ba bluca sho.

¿Yai bada tänö bä joyaö täjä, wedi jamö bä culayoma?

Bita jamö bä joyalema, Öjamö jecula badanö, cama ebä yaimama. ¡Jedu jamö a badamou daomi yalo, bita jamö a badamou! Yai bada tänö omawä, mölamalewä a waja jilabou. "Yai bada tä a juwaö lä majei, öjö jecula badanö bä nosiemaö showawä." (Efesios 2:2)

Omawä, cama jecula ebä sho, bä dablamou daomi ma cui, bä cuwa bämaa a daö. Culenaja wedinaja cäbä mömou cuwä, bämaa daimi. Bä lä walidii bäma a shilo daö. Yanomamö bä ija bä jole lojote mömou, walidiwä bä jamö bä bluca lulubobä. Yanomamö walialewä cäbä.

> Omawä, jawä angel shii jilajawä, a jole cublou dao. (2 Coritios 11:14)

> Cajä bämacö wano nabä omawa a wadi lä cui, jawä öla a waiteli lämou, camanö a shäbä a daei. (1 Pedro 5:8)

Cajä bämacö jööbö lä cuano wei, bä ma tä a da möö coo.

Jilamodima 12

Olu Cäcö

Adan, Eva sho doblao dodijiwä cäcöbö bälöama. Showadi jicali a bada jamö cäcöbö juwadaloma. Yalo cäbä, jimo jimo jibä bluca nowamamaje.

Showadi wäyade täjä, cama bäteli, Tablalewä a bada lä cuinö, cäcöbö je shilo waloma. ¡Bejedi cäcöbö buji doblao, wa yayou, cai juadaloma! Walo, cama bä suwäbö sho, jicali jamö cäcöbö buji doblao je balojoma.

Omawä, a buji doblao nomi. Yai bada tä noji walibou je balojoma. Cama e cäcöbö cai noji waliboma.

Omawä jedu jamö a bada cublou nomi. Bita jamö a nia bada wabäoma. Adan camiyä bämacö bada a lä cui ija, Yai bada tä noji jejeblamaö buji doblaoma, culenaja omawänö Adan a yai wabaö ojodeo nomi.

Ai tämö jalu ja, Evanö ai tä a jililema.

Yai bada tä a cuo nomi. Adan a wa cuo nomi.

¡Olu cäcö a cuoma!

Evanö olu cäcö a jaö ja jilinö, a quilinomi. Yai bada wano nabä, olu cäcö a, a buji cunomi. Jeyaloyä ija, Yai bada tä noji nia ja jejeblamanö, camiyä wale nabä juu, a buji cai cunomi.

Olu cäcä shijalimonomi. Suwä a obisi nodaama. A yami ja dalalönö, cäcö a bädou showalayoma.

> ¿Yai bada tänö jicali a bada jamö jimo jimo bä bluca waö wasi lä cä?
> (Génesis 3:1)

Omawänö, Yai bada tä noji jejeblamaö bujima. Eva a buji ja wedinajacämomanö, camiyä yajäcö ija ai bä noshiumabou bäwä, a buji tadamaö ojodeoma.

Suwä a wa jama, "jimo jimo yama bä waö dao, culenaja jicali a mötalö jamö ji lä ublale, Yai bada tänö bä wamaö wasima, bä jubamaö wasima, wa waö je yadio ja wa nia nomaö. Yai bada tä cuma."

> Olu cäcö a jama, "ma wajäcö nomaö maicätä. Yai bada tänö tä daö, jimo jimo wajä a waö ja, Yai bada tä buji moyawe lä culenaja wajäcö nia cublou, dodijidawä, walidiwä wajäbä no nia öjöböa." (Génesis 3:2-5)

¿Evanö wedi tä nia yaiyaö?

Jilamodima 13

Yaiyamodima

Yai bada tänö Adan, Eva cäcöbö ija, cama cäcöbönö tä nia lä yaiyaö wei tä jibäquema.

Yai badanö cäcöbö tablalema yalo, cäcöbö buji doblao beji, tä daö waiquioma. Yai bada tänö Adan, Eva ija cama a lä cuu wei a tamaö bujima. A wano bejedi yumobou buji doblaoma.

Yai bada tänö bä bluca nia lä walidiblou wei tä daö waiquioma yalo, Yai bada tänö Adan a nowa tama:

> "Jicali jamö wajäbä jimojimo waö dao, culenaja dodijidawä walidiwä no öjöböaö beji, bä wa dijä. Wajäa waö je yadio ja, wajäcö nomalö."
> (Génesis 2:16-17)

Culenaja, Eva ija olu cäcö a jama, "Wa nomaö maicätä." (Génesis 3:4)

¿Wedi ca a wa juwabä, Tablalewä a lä cui, tablano cäcö lä cui?

Inaja tä cublaliyoma:

> Suwä, Yai bada tä buji moyawe lä culenaja, ya buji moyaweobä, a buji jole ja cunö a jimojimo ja dälänö a waa showalema. Öjö täjä, cama bä jeyalobö ija a cai jibäquema, a cai waa showalema. (Génesis 3:6)

¡Suwänö a owalema, walonö a cai owalema!

Omawänö Eva a ja mölamalönö a jimojimo walema. Adan a mölanomi. Je ou anö, tä lä buji wei tä yailema. Yai bada tänö a lä wasi no wei tä tama.

Tablalewä a macui, a wano bejedi yubou ja maojenö. Omawä ija cäcöbö juu dicooma.

Cäjä bämäcö jööbö Adan, Eva cäcöbö yaclälayoma.

Jilamodima 14

No Ja Öjöbölonö, Cäcöbö Quililayoma

Adan camiyä bämacö jööbö a jimama. Öjö ija, Yai bada tänö jimojimo, dodijidawä walidiwä noöjöbö a mamodima a waö wasima. Adannö a lä wale no wei tämö jalu ja cäcöbö shilo no ja öjöbölonö cäcöbö quilia showalayoma tä lä yaiböle no wei tänö..

> Öjö täjä cäcöbö mamo ja caloblalunö, cäcöbö shilo no öjöbölayoma. Yaa Jena bä diyäblabölema cäcöbö jaloobä. (Génesis 3:7)

Bä shilo no ja öjöbölonö cäcöbö quilia showalayoma. Cäcöbö shami no öjöbölayoma.

Walidiwä tänö, quilimamodima tä bädamalema.

Yai bada ta a joyaböö showao mao je täjä, Adan, Eva cäcöbö buji doblaoma. Cama cäcöbö ija quili e tä cuo nomi. (Génesis 2:25) Tablalewä tä cai nojimaö je balojoma.

Walidiwä no öjöböama modima ji jamö a jimojimo lä owale no wejei täjä cäcöbö quilia showalayoma.

Cäcöbö ma doblao no wei, cäcöbö quililayoma.

Cäcöbö shilo ja, yaa jenabä diyäblaböma cäcöbö jaloobä. Culenaja yaa jena bänö cäcöbö jaloobä tä cuo nomi. Walidiwä anö cäcöbö no ujudibö nomalayoma yalo, cäcöbö doblou coobä, tä cuonomi.

Tämö wäyaö täjä.

Yai bada tä juimaö coo waja jililejenö, cäcöbö quililayoma. Cäcöbö shilooma yalo, cama ija bä dablamou buijio nomi, a wa joyabölema yalo.

¿Wedinaja cäcöbö nowa niya taö?

¿Wedinaja Yai bada tä ija cäcöbö cudobä?

Jilamodima 15

No ujudibö Nomawä

Adan, Eva sho, Yai bada a wa joyaböö showao mao je täjä, cama ija cäcöbö buji doblao cai nojimoma.

Jei täjä cäcöbö quilii.

Weyade tä si ajidou täjä, Adan, Eva, sho, jicali jamö Yai bada tä juimaö ja jilijenö, cäcöbö quilili jitäquema. (Génesis 3:8)

Ijilunö bä jöö bä wa juwaimi täjä, a quilili jitäo lä weinaja, Tablalewä ija, Adan, Eva cäcöbö quilili jitäquema.

Yai bada tänö a nacama, Adan, ¿Wedi jamö cäwa?

Adan e cuma. "Jicali jamö bä juimaö ja jililänö, yajäcö shilo ja, yajäcö ja quilinö yajäcö jitäa showaquema."

Yai badanö bä walima. "¿Wajäcö shilowä, wedi cä a cuma? ¿Ya bä waö lä wasi no wei wa waa bälema?"

"Suwä wa lä jiyono weinö, a jimojimo ja jionö, ya walei cublei." A cuu mö jeduoma.

Öjö täjä Yai badanö suwä a walima. "¿Wedi täjä inaja wa taö dicoma?"

"Olu cäcänö wale ja mölamalönö, ya walema" Suwä a cuma. (Génesis 3:9.13)

¿Wedi täja Adan, Eva sho, Yai bada tä ija cäcöbö jole jitäoma? Walidiwä tä taböma yalo. ¿Wedi täja cäcöbö jole jimayoma? Cäcöbö quilima yalo.

Adan, bä suwäbö Eva sho, Yai bada tä doblao lä culenaja cäcöbö mömou cuo showao nomi. Omawä a walidiwä lä culenaja cäcöbö cublou showalayoma.

Jawä ji wa ji boco cäblaö täjä, jena bä lä deablou wei naja, cäcöbö ma demöo showao nowei, nomaö beji tä däbölemaje.

Cäcöbö no ujudibö nomaa showalayoma. Walidiwä a tabö tänö, balimiblamamodima tä daböquejälöma.

Cäcöbö demöo showaoma, cäcöbö lä badashibö aö wei, tä däbölemaje. Walidiwä bänö bämacö nomaö.

¿Wedi tänö nomaö tä bädaliyoma?

Walidiwä tänö.

Jilamodima 16

Walidiwä Cä Tä

Jaba, Yai bada tä sho walo a noji tayoma. Yanöcöwä, buji doblao a bälöama. Culenaja, Yai bada tä a joyalema.

Adan, Eva sho, bä walidiwä lä tano wejei täjä, Yai bada tänö tä nia lä walidiblou wei tä a wäa showaquema.

Suwä ija a wa jama:

> "Ninimou anö, ijilujä wa bä queblaöwä, jeyalojänö wa nosiyemaö no shaliaöwä, wa wa juwaö wä." (Genesis 3:16)

Tä walidiblou jaöomao täjä, bä jeyalobönö Eva a nowamama, a nojimaö dodijioma. Culenaja tä ja walidiblalunö cäcöbö buji doblao cai bälöo mlalayoma.

Öjö täjä, Adan ija Yai bada a wa jaö showaoma.

> "...tä uliji walidiblouwä. Wa ojodemou je ja balojoonö, wa nii waowä. Bluca mösöcö bä cauuwä, cau cau bluca bä jaö wä, wa demöo showao täjä waqueje no bleyaö anö, wa bä nii waöwä. Cajä mashita cäwa, mashita wa cublou coowä." A cuma. (Genesis 3:17-19)

Tä ja walidiblalunö Adan, Eva sho, bita a bada jamö cäcöbö badamou mlalayoma. Uliji jamö, mösöcö, nini, buji aji, jalili, nomaö, bä bädou showalayoma.

Bämacö no bleaö. ¿Yai bada tä lä cuno weinaja tä cubloma, Yai bada tänö jaba mösöcö bä jamaö bujima lä cä? ¿Suwä a ja ninimonö ijilu bä tablaö wä, a cuma lä cä? ¿Cama a lä culenaja cäcöbö lä tablaleno wei, cäcöbö ja walobadalönö cäcöbö nomabä, a cuma lä cä? ¡Ma! Inaja Yai bada tä cunomi. Walonö walidiwä tä tama yalo, bita a bada walidiblou showalayoma.

Walonö walidiwä a jaba täma yalo, nomaö beji tä bädaliyoma. Walidiwä tänö nomaö tä cublaliyoma.

Nomaö, mladou cä tä, tres walidiwä no quilijiwä bä cuwa.

1. No ujudibö nomaö: Yai bada sho noji tayou tä mlalayoma.
2. Bei sibo nomaö: No ujudibö, bei buji, bei bamacö nomawä ija, cäcöbö blajalayoma.
3. Balimi nomaö: Bei sibo, buji shi wali, nobolebö. Yai bada tänö shobali wacä[8] jamö bä joyaö shi wali.

Adan, walidiwä bä ija a jucäo aiyobä, etä cuo nomi.

¿Ai tä noji mölajabobä, tä cuo showaoma?

Jilamodima 17
Tä A Jano Lä Wäyäno Wei

Omawä a wadinö cäcöbö tomölema. Culenaja Yai bada tänö cäcöbö nia lä jucäaö wei tä daö waiquioma. Yai Badanö tä nowa bluca lä dodijii tä niya jibäma macui, yanomamö bänö, jecula bänö macui, tä danomije.

Omawänö yanomamö cäcöbö lä yaclämale no wei, tämö jalu ja, Yai bada tä nö olu cäcö nowa tama.

> "¡Inaja wa tama yalo, yalo bä je dole ja wa walidiblou wä! Bei wa macasi jamö wa jölölou wä. Öjö tämö jalu bluca jamö, mashita wa bä nia waö."
> (Génesis 3:14)

Yai bada tänö olu cäcä tablaö täjä, bei mamicö cuoma. Culenaja Omawä olu cäcä ija a ja lucälönö, yanomamö bä yaclämalema yalo, Yai bada tänö cäcö olu walidiblamaö showalayoma, bei cäcö macasinö cäcö jölölobä a cublaliyoma. Yai bada tänö yanomamö bä nowa taö showaoma. Satanas mölamalewä cä a waja lä cule, obi suwä nodiwänö, cäcö je badiquiblaö wä. (Apocalipsis 12:9)

Omawä a nowa tama, olu cäcö ija a lä lucälayo nowei,

> Suwä sho wajäcö noji waliboyou wä, suwä cama e nodiwanö obi wa je badiquiblaö wä, culenaja cajänö bei cä wa mamicö duyäö wä. (Génesis 3:15)

Ai bä a wäyäö jaöo mao täjä, jei tä a wäyäö bälööma, Yai bada tänö, bä jucäabä bä nia bluca lä taö wei, bä dablamaö siijeo nomi, Omawä cama jecula e bä sho tä daö mao beje. Yai bada tänö tä a jitäboma.

Yai bada tänö Jucäalewä a nia shimaö waja wäyäma, Jucäalewä yanomamö bä nöö e cuo wä, culenaja bä jöö yanomamö a cuo maicätä. Mesias, Yaiyano tä jimaö. Omawänö, Mesias bei cä mamicö duyäö wä, culenaja, cama Yaiyanonö, bei cä je badiquiblaö wä.

¿Wedi tä jimama? Obi bä nia wawäma jälöma. Culenaja, Adan, Eva ija noji mölajabobä tä a cai wäquema.

Tä no ja dedelönö, wawäyälewä ainö tä a nia onimama.

> Mididi tä jamö bä lä juu wei, tä shii jila jawä dablaö weje. Moco comi lä showai a ja shibänalänö, ijilu walo a queblaö wä. Emanuel a waja jilamou wä. 'Camiyä bämacö ija, Yai bada tä bälöa cule.' Tä jimaö. (Isaias 9:1;7:14)

Yai bada tänö cama e bä nia jucäaö,[9] ¿Culenaja, wedinaja cä e tä nowa nia cuoma?

Jilamodima 18
Walidiwä Bä Beji, No Owä A Läblamalema

¿Adan, Eva sho, jimo jimo a waö je lä yadio no wei täjä? ¿Wedi tä tamaje? Yaa jenabä diyäblalema.

¿Yaa jena bänö cäcöbö doblou cooma? ¡Ma! Cama cäcöbö mayonö, cäcöbö quilii jebalojoma. Yai bada tä ija bä cadejeblou coo beji tä cuo nomi.

Yai bada tänö cama cäcöbö beji, ai tä tama.

> Yai bada tänö yalo sicönö didio modima sibä ja tablalönö, walo cama bä suwäbö sho, cäcöbö didiquema. (Génesis 3:21)

¿Wedinö, jaba yalo oveja a ja läblamacönö, a shäblalema? Yai Bada tänö.

Yai bada tänö oveja a ja shablalönö sicö ja yoblalönö, Adan, Eva sho cäcöbö didiquema. Öjö tänö, Yai bada tänö tä nia lä taö wei, tä no owä jimama.

Awei jei tres tä bä a ja bämacö buji da daeo.

> *Justicia.* Tä nowa lä cule: Oveja bä nomawä da möje. ¿Wedi täja Yai bada tänö bä shäblalema? Adan, Eva sho, cäcöbö noji asiblamamobä. Walidiwä bänö cäcöbö nomaö beji tä ma cuonowei. Öjö justicia tä jimaö.
>
> *Misericordia.* Noji asiblaö: Cäcöbö da möö. ¿Yai bada tänö cäcöbö shäblalema? ¡Ma! Yai bada tänö oveja a läblamalema. Cäcöbö nomaö beji täma cuo no wei, Yai bada tänö cäcöbö noji asiblalema. Öjö misericordia tä jimaö.
>
> *Gracias.* Iminomaija dobämou: Adan, Eva sho, cäcöbö wadodabösi da möö. ¿Inaja walidiwä talewä bä mamou beji tä cuoma lä cä? Ma, Yai bada tä noji dodijiwä ja, oveja a ja shäblalönö, sicö ja yoblalönö cäcöbö didiquema. Öjö gracias tä jimaö.
>
> Doblao dodijiwä, öjö cäcöbö beji, Yai bada tänö tä tama yalo, Adan, Eva sho cäcöbö buji doblao cooma.

Adan, Eva cäcöbö nomaö beji tä ma cuo no wei, oveja mojodi bä nomaa lälayoma.

Yalo sicönö cäcöbö shilo jitäquema, cäcöbö shilo nomi yalo, Yai bada tä ija cäcöbö quili mladaliyoma.

Tä no ja dedelänö, wawäyälewänö tä onimama.

> Iba Yai bada tä ija ya buji doblao, camanö nowamamodima sicö ja wale didiquema, cama e dodijidawänö wale jaloblalema. (Isaias 61:10)

Yami, Yai bada tänö walidiwä talewä bä jucäaö.

Jilamodima 19

Yashuno

Yai bada tänö angel walidiwä bä bluca joyalema. Öjö no ujudibö bä lä cui, shii jiläjawä jamö bä cuo waiquioma yalo, bä noji asiblamamobä, tä cuo coo nomi. Culenaja, Cama a wano bejedi lä yubou wejei, yanomamö bä noji asiblabä tä cuo jeyadioma.

Culenaja, inaja bädawä walidiwä tä mai. Omawä cama jecula ebä sho, bä lä joyamo no weinaja, uliji doblao jamö cäcöbö bälöo jeyadiyobä tä cuo nomi.

> Bä ja yashulönö, jicali jamö, ángel lojote bä lämaquema. Sibala namo mö jeduduwä wacä bada wauwauwä yalejebouje. Balimiblamamodima ji nowamabä. (Génesis 3:24)

Jicali a mötalö jamö, Balimiblamamodima ji lä cui, cadejewä bänö bädawä miji bä owabä tä cuoma. Adan, Eva sho, cäcöbö ja walidiblalunö, cäcöbö nia walobada nomama.

Bämacö Tablalewä a cadejewä, a au, a bejedimou, Bada cätä dodijiwä. A nasimou daomi yalo, a lä cuno wei tä niya bejediblaö. Walidiwä talewä bä nia nomaö. Bä lä demömabou wei tä ija, cäcöbö blajalayoma yalo.

Ai yanomamö bä buji jole cuu, Yai bada tä lä cui, bada tä yalo, cama a lä cuu wei tä niya shomiblaö bädao, bä buji jole cuu. Öjö macui, Yai bada, bada a dodijiwä yalo, cama awa shomiblou daomi.

Omawänö, Eva ija, Yai bada tä lä cuno wei, "wa nomalö." A lä cunowei, a bejedimou maicätä, a buji tamama. Culenaja, Yai bada, cama a bada yalo, awa shomiblou daomi.

Yai Bada cätä, Cama bäma a wano bejedi yubou dao.

> Cajä wa lä cui, Wa tä nowa lä tabou wei, wa lä bejedimou wei, showadi cäwa. Wa lä nojimou wei, wa täbä lä nojiasiblaö wei, cajänö wa bä ajedebou. (Salmos 89:14)

Bämacö da wali. ¿Omawänö, Yanomamö bänö wedi cätä taö dao je, Yai bada tänö tä taö dao lä mai?

Inaja Yai bada cä tä cuu:

> Ya lä cuu wei ya tä nowa cuwamiblaö maicätä. Ya bä oni lä taque no wei, ai ya tä jajöblaö maicätä. Ya nasimou daomi. (Salmos 89:34-35)

Yai bada awa lä jaö wei, cama e tä jawäö maicäta.

Jilamodima 20

Ijilu Jaba Cäcöbö

Jicali a sibojamö tä liyäjöo showaoma, culenaja, a uliji walidia jälöma. Tä uliji mösöcöböblaliyoma. Jalili bluca nashomi bä cai bädaliyoma. Yalo bä ma cui, bä nojiyo coo nomi. Nii dääö tä cai jijublaliyoma. Adam, Eva sho cäcöbö nobleaö anö cäcöbö iyama.

Owäowä cäcöbö yanöcöo jeyadiyoma.

> Adánnö bä suwäbö ija a ja tanö, e shibänalayoma. Ijilu a tablalema. Caín a waja jilaquema. "Iba walo ya wai tablalema. Yai bada tänö yale dobälema."
> (Génesis 4:1)

Jaba, ijilu, Evanö, Caín a waja jilaquema, Cain wa cuu ja, Iba, wa cuu. Jei Jucäalewä, Yai bada tänö awaja lä wäyänowei cä a jatowä. A buji cuma. Culenaja, a yawäö täjä, a jeyadiwä, beji taolewä a no öjöbölema. Bä jöö cäcöbö owäa quidolema.

Ai ijilu a queblaö colayoma, Evanö Abel a waja jilaquema. Nowacuami, tä jimaö. Culenaja tä wawäbloma, Yai bada tänö Jucäalewä a waja lä wäyä no wei, cama cäcöbö ija, jucäalewä, a cublou maicätä.

Yai bada tä cadejewä owäbou majei, bä ijilubö bänö, Adan, Eva, cäcöbö walidiwä owäa bädalemaje.

> Adannö... bluca ijilu bä taquema, walo, suwä e bä cuoma... culenaja cama a owä a tajiyalemaje.
> (Génesis 5:4,3)

Wa tä möö cule. ¿Caínnö bä joshe ija jimo jimo a lä jucäa bole? Bä jöö, bä nöö cäcöbö jeyadiwä owämaö. Jimo jimo a waö je lä yadio no wejeinaja, a cuaö. Walidiwä tänö Adan bä ijilubö bä walidiblaliyoma.

> Walo molinö walidiwä a jabä tama yalo, yanomamö bänö, walidiwä bä taöje. Walidiwä bä taöje yalo, yanomamö bä bluca nomaö.
> (Romanos 5:12)

Africa jamö ina bä cuu, Tolobo bä ijilubö, showadi, dishilewä cäbä wai.

Arabe bä li cuu: Sapai bä ijilubö, calälewä cäbä.

Culenaja cajä bämacö jööbönö jaba walidiwä bä tamaje yalo, jawä jii ji boco cäblano bä cubloma. Cäblano wa ji boco möö täjä, ji boco mömou dea lä culenaja, Adan nodiwä bä bluca walidibloma.

Wawäyälewä Davidnö tä a onimama.

> Walidiwä talewä ya cuo waiquiyoma. Nayä bei nosicö jamö wale didibou täjä walidiwä talewä ya cuo showadaoma.
> (Salmos 51:5)

Jei bä ma tä a jilii moji, culenaja tä a bejedi.

JILAMODIMA 21

WALIDIWÄ TALEWÄ BÄNÖ A WA JA DOBLAO TÄÖ JE

Adan, Eva cäcöbö balalayoma. Culenaja, Yai bada tä anö cäcöbö lä cuo balöo no wei bä wa ja yublaö.

> Abel, oveja nowamalewä a cuoma, Cain jicalimolewä a li cuoma. (Génesis 4:2)

Cain, Abel sho ojodamolewä cäcöbö cuoma. Tablalewä a no öjöböbomaje. Yai bada tä ajedemabou bujimaje. Culenaja cäcöbö walidiwä talewä cuo quidooma.

Cäcöbö walidiwä queblou bädao nomi, walidiwä talewä cäcöbö cuoma. Cäcöbö buji walidiwä daeoma, cäcöbö a walidiwä shilo jama. Yai bada tä nojimou owäbo nomije. Öjö, Yai bada tänö, walidiwä tä jimaö.

> Yanomamö bämacönö walidiwä bäma bä taö yalo, Yai bada tä doblao lä culenaja, bämacö cuwämi. (Romanos 3:23)

¿Culenaja, cäcöbö doblou coobä, Yai bada tänö Caín, Abel, cäcöbö noji asiblabä e tä cuo jeyadiyoma? Awei, culenaja tä no nia blucao dodijio.

> Iyä bä jaö mai ja, walidiwä bä mladou maicätä. (Hebreos 9:22)

Jedu jamö a lä bälöladi, awa joyabölema yalo, walidiwä talewä wa nia nomaö, a lä cunowei, e tä bejediblobä, nomaö e tä läoma. Inaja cudenö, walidiwä talewä nomaö mai ja, nojiasiblaö tä cuami. Yai bada tänö yalo iyäbä läblamaö bujima, bä noji asiblamobä.

Oveja ocalo, jalili mai, dusi mai, shami mai. Demö, au a cuoba. Cadejewä dodijiwä a wai oveja cuobä.

Oveja bä ja shäblajenö, iyä bä ja läblamajenö, bä ishimamaje. Walidiwä talewä a beji, a läblamalema.

> Yai bada tä dobäböbä, cäcöbö waloquema. Culenaja, molinö dobäö beji dodijidawä tä taboma. Caínö jicali jamö bä bluca lä diyano wei. Yai bada tä ija bä bluca dodoboma. Culenaja, Abelnö Yai bada tä ija cama oveja liyäjäwä dodijiwä e li dodoboma. Oveja jaba queblano a dodoquema.
> (Génesis 4:3-4)

¿ Yai bada tänö wedi ishimamodima e tä yai dääbä?

Jilamodima 22

Walidiwä Bä Beji Bälä Dodobono Wejei

Cäcöbö da möö. Yai bada tä ijamö bä nia lä ishimaö wejei, ishimamodima bä da möö.

Yai Bada Tä ija dodoaö beji, maamabä yododamamaje. Nomaö beji tä cuoma. Öjamö yalo bä shäblamaje. Yai bada tä ija walonö bä dodoboma, öja cowa wacä jamö bä bluca ishimamaje.

Yai bada tänö walidwä bä noji walibou, culenaja, noji asiblalewä cäa. ¿Wedi naja tä bejediblobä? ¿Walidiwä talewä wa bä joyaö maija, walidiwä wa bä joyaö dao?

> Cain, Abel cäcöbö lä cuono wei, täno ja dedelönö, Moises ija, Yai bada tä a jama:
>
> Jödödöwä demö demö, tablano tä bä iyä bä cuwa. Camiyanö, cajä wamacö ija ya bä jibäama, wamacö noji bäyäo bä. Iyä iyä wamabä bluca dodobobä. (Levítico 17:11)
>
> A lä dodobole a yalo ija, bei je ja, imöcö ja maqueonö "tä dodijidawä" ya e tä noji tabouwä. Cama ya e tä nowa mladamabä. (Levítico 1:4)

¿Wedi täja yalo iyä bä jamamaje? No owä tä cuoma. Walidiwä bä bluca mladamabä, wa noji asiblamobä. Yai Bada tä a lä janowei, dusi mai, jalili mai, oveja, chivo, toro, paloma, öjö bä iyä bänö äjä walidiwä bä bateliblouwä. Culenaja tä jeläjolocoladija, Yai bada camanö, walidiwä bä yai nia lä mladamaö dodijiowei wei täjä, bä ijilubä a nia läblamama, bei iyä bänö, walidiwä bä yai noa mladamabä.

Cainnö Yai bada tä ija tä lä dodobole tä da möö. Cama e jicali jamö jimo jimo dodijiwä bä ma jibäabole, öjö bänö cama walidiwä bä joyaö beji e tä cuami. Iyä iyä bä cuonomi yalo, walidiwä bä mladamaö dao nomi.

Abel bäma etä da möö: Tä mömou buji aji. ¿Wedi täja? Yalo a wai nia nomaö. Yalo je ja, Yai bada awa no bejedi yubou yalo, imocö maquea. Yai bada tänö yalo a wai ija Abel walidiwä bä jibäquema. Abel, walidiwä bänö a nomaö beji e tä cuoma macui, Yai bada tänö walidiwä batelimabä beji, no owä tä lämaquema.

Jödödöwä walidiwä talewä bä nomamabä tä cuoma, culenaja cama noji asiblalewä a yalo, cordero ocalo a wai yai nomamalema. Yai bada tänö öjö walidiwä bä beji bä lä dodobou wei tä a jilaquema. (Levítico 6:25)

Abelnö tä lä dodobono wei tänö, Yai Bada tänö a noji asiblalema. A nomaö shii walii maobä.

Culenaja, ¿Wedinaja Caín ija tä li cuoma?

JILAMODIMA 23

DÄANO, WAINO

¿Cain wa e möö cule? ¿Wedi cä etäbä maquea cule? Cama nii. ¿Abel e ja wedi cä etä maquea cule? Yalo iyäbä, bei ishibä maquea cule.

¿Wedinaja Yai bada tä buji cuma, tä lä tanowei tä beji?

> Yai bada tänö, Abelnö tä lä dodobo no wei, tä ja mönö, tä dodijidawä wa ja tama, culenaja Caínnö bä lä dodobono wei, e bä wailema. (Génesis 4:4-5)

Bäma tä daimi, wedinaja Yai bada tänö öjö cäcöbönö tä lä dodobonowejei[10] tä möö taablama. Cama e tä anö tä shilo jimaö.

> Abelnö Yai bada tä ano bejedi ja yubonö, Yai bada tä ija oveja a dodoquema. Cainnö awano bejedi yubou nomi. Abelnö Yai bada tä a juwama yalo, Abel a waja dodijidawä tama. (Hebreos 11:4)

Abelnö Yai bada tä ano bejedi yuboma yalo, a noji asiblamolayoma. Yai badanö a waja dodijidawä tama.

Abelnö cordero, iyä bä ja jamalönö a shäblalema. Cama beji a läbloma, walidiwä bä lä tanowei, Yai bada tänö öjö a yalo ocalo ija e bä taquema, a noji asiblamobä. ¿Wedi täjä Yai bada tänö Abel e waja dodijidawä tama? Camanö Jucäalewä a nia lä waloo wei ano owä tama yalo.

Abelnö, Yai Bada tä ano bejedi yuboma yalo, a buji doblao dodijiyoma. Obi ya nomalayou macui, Yai bada tä ija ya cuo shiwaliwä, tä dama. Yai bada ija camanö yalo ocalo a lä dodobonowei anö, Yai Bada tänö cama Abel walidiwä bä no bushölö tabou mladaliyoma.

Caín, Yai bada tä ija a waloquema, culenaja camanö a taö buji lä doblao wei a taö bädaoma. Cain, jolemoshi a Yai bada tämoma. Yai bada tä sho a noji tayonomi. Walidiwä tä bänö a buji mididiyoma, camanö Yai bada tä ano bejedi yubo nomi yalo, nomaö shiwalii beji a cuo showaoma. Cama noji e cublonomi.

Inaja ai bä jole cuu: "Caín jicalimolewä a cuoma yalo, täbä lä tabonowei, täbä dodoquema." Culenaja, Yai bada tänö bä lä dodobo no wei bä bujinomi. Wedi täja Abel e cordero ja, Yai bada awa no bejedi yubou jimaö ja, imöcö maqueo naleo nomi.

¿Wedinaja Caín a nia cuwaaö?

¿Cama ishimamodima yai a niya dodobou läcä?

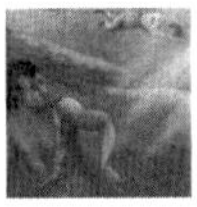

Jilamodima 24

A Jaba Lä Shäblale No Wei

Caín, Yai badanö e tä wailema. Culenaja, a Caín bujii showaoma. A buji jaducäblamaö buji doblaoma.

¿Wa buji lä jaducäblou wei wedi tä jimaö?

Ai bä ija wa niya juu ja, bei yoca jamö wa jujälö täjä, wa baa ja jaloicujälönö, wa lä juimadi, wa tä no ja öjöbölänö, jei shomi cä yoca, wa buji ja cudalunö, wa je nia dadou. Wa nia juu jeyadiyomi. Ai yoca jamö, wa nia waloo coo. Öjö tä lä cui buji jaducäblou tä a cuwa.

Buji jaducäblou, wa buji lä shomiblou wei. Walidiwä bä ja wa buji ja lädalunö wa buji niya yai wasiyo. Yai bada tä ija wa buji cuo anö wa quilii mladou. Yai bada tänö äjä walidiwä bä nowa mladamalema malä cui.

Yai bada tänö Caín a buji jaducäblamaö bujima. Tä lä taö wei, tä dölaabä. A tamaö lä buji wei, tä yai tabä.

Yai bada awanö Caín a jushudaliyoma, a mishi leiyoma.

> Caín a walima, ¿Wedi täja wa jushuo? ¿Wedi täja wa mishi leiya cule? Wale a juwaö ja, bä noji asiblaö wä, wale a joyaö ja, a da moyaweicu¡. Wale ajuwaö ja, walidiwä wa bä waii dao, culenaja wale ajuwaimi ja, wa beji cuwami.
>
> (Génesis 4:5-7)

Caín cama a doblao jimöoma yalo, a buji jaducäblonomi, Bä oshe Abel ija a jushuo jebalojooma. A buji yanöcödobä beji, tä noji daeyama.

Caín bä oshe Abel ija awa jama, "Bei bäjäcö da juwadalo," e cuma. Öjamö bä cuo dayou täjä, Caínnö bä oshe Abel a nabä ja queicunö, a shäblalema.

> Yai badanö a walima "¿Caín, wedi jamö oshejä Abel cäa?"
>
> Cui, camiyä ija "¿Camiyänö osheyä ya nowamabä lä ya?"
>
> Yai bada tä cuma: "¿Wedi cä wa tä taö cuje? Bita jamö, oshejä iyä bä noji laamobole."
>
> (Génesis 4:8-10)

Bei a no bolebö Yai bada tä ijamö a cuo waiquiyoma, culenaja bei sicö lä cui mashita a cublou colayoma. Obi Yai bada tänö sicö nia balimiblaö.

Caín ija, a buij jaducäblo bä beji e tä jibääö cooma, culenaja camanö e tä lä jibä no wei tä wailema.

> Yai bada tänö, Caín a blajaa showamalema.
>
> (Génesis 4:16)

Doblao jimöo, buji walidiwä anö, motoca a lä jaö wei jamö, Caín a juwa showalayojälöma, öjamö a shabonomoma. Caín nodiwä bänö jaba dodijiwä sibala sibä tamaje, amowa jibä cai tamaje.

Caín nodiwa bä buji jaducäo dodijioma, culenaja, Yai bada tä danomije.

Jilamodima 25

A Nodaoma A Modalayoma

Tä no ja dedelönö, Adan nodiwä bänö walidiwä bä taö balamaje. Yanomamö bä beji, Yai bada tä buji ajima.

> Bita a bada jamö yanomamö bänö walidiwä bä shilo taöje... Showadi walidiwä bä shilo noji daeamaje. (Génesis 6:5)

Culenaja Noenö, Yai bada tä noji mölajaboma.

> Noé ija, Yai Bada tä buji doblao jebalojooma.
>
> Yai badanö, Noé a nowa tama: "Jei täjä yanomamö ya bä no nia watäö. Walidiwä bä taö no ja jushuajenö, mashita a bada no quilijiwä dodijiwä. Canawa bada jebalojowä a da tablalö. Bluca didiomodima bä bluca caí da tablalö, mani bänö jushomi jamö, sibo jamö cai, a da jölöcöblalö. (Génesis 6:8,13-14)

Öjö a bada canawa lä cuo no wei, a bada jushomi ösöo dodijiyoma, a bada jushomi blaucuo dodijiyoma. Jödödöwä nashomi yalo bä bluca didiyobä. Yai Bada tä ija, dodoaö beji, bä yalo lä cui, 7 walo, 7 suwä bä cai didiyoma. Moli bei yoca bada cuoma.

Noé, cama ebä sho, bä bluca ojodemou no tedeama. Yanomamö bä ija Noe a wajama. "Cajä wamacö ija Yai bada tä nia waitelimou." Noé ano waiblaö tajiyaomaje.

Yacumö a bada waicamje, Noé e bänö nii bä bluca didiquemaje. Yai bada tänö yalo bluca bä lä jölölou wei, bä lä joleaö wei, bä lä yäö wei, bä walomaquema. Canawa a jamö Noénö bä lucäa showamalema.

> Noénö cama ebä cai lucälayoma. ¿Mija ai läbä jelua nalequema? Ma. Yacumö, Yai bada tänö bei yoca bada cajuquema. Tämö bada luwäblou showalayoma.
>
> Mashita cojomo jamö mau u bä ja jomoblalunö, u bä jalayoma. Jedu misi ja cacablalunö, cuarenta mö jalu, cuarenta mididi maa a bada quei dodijiyoma. (Génesis 7:11-12)

Yai bada tänö tä uliji matasi waiblamaö dodijilayoma. Culenaja Noe, cama e bä sho, bä jeluoma. Ai bänö täa jili quido ja mao jenö, bä no watälayoma.

Jödödöwä a uliji jamö, mau ubä lä oquimono wei tä damou.

Yai bada noji asiblalewä, no daolewä cä a cai, culenaja walidiwä bä noji walibou.

Jilamodima 26

Dude Tä Cublou Cowa

¿Wedinaja Noe, cama ebä, yalo bä bluca sho bä cuwama, canawa a bada jushomijamö? Yai Bada tä ija bä noji asiblamolayoma.

> Yai Bada tänö Noe, cama ebä sho, yalo bä bluca cai lä didio no wei bä noji mojodubonomi. Wadoli, bita jamö a ja yalänö, mau u bä obisi mlalayoma.
> (Genisis 8:1)

Turkia tä uliji jamö, Ararat macö jamö, canawa a bada maqueque dayoma.

Noenö joledo a wai shimölema, uliji a jashidiwä bomabä. Jaba cama a wai waloa coa bädaquema. Ai täjä cowä, a wai shimöa colema, olivo jena wai ducu weibema. Tä waisibö no ja dedelönö, a shimö a colema. Öjö täjä a wai waloo coda nomi. Tä uliji jashidiwä Noenö tä dama. U lä oquimolayonowei täjä, moli ijinama tä jayuquema.

¿Noe cama ebä sho, yalo bä bluca sho, canawa a jamö, bä ja itolönö, wedi tä tamaje?

> Noenö maa ma bä ja yododomacönö yalo auau, yoobisi auau, bä ja yailänö, bä ishimalema. Bei bä lii dodijidawä ja, Yai bada tä buji doblaoma.
> (Genisis 8:20-21)

Yanomamö ya bä noji asiblaö wä. Culenaja, walidiwä talewä bä beji, nomaö tä lä a showaa. Tä lä a showaa yalo, Noenö, yalo bä wai ja maquecönö, iyä bä löblamalema, bä ishimalema. Jucäalewä a niya lä waloo wei, a no owä cuoma. Öjö Jucälewänö walidiwä bä yai nia mladamama.

Noe ija, cama ebä ija cai, Yai bada tä nosiyemoma.

> Äja ijilujä bä bluca da taje. A uliji da jishiquiblamalije. (Genesis 9:1)

Mau ubänö bita ya waliyaö coo maicätä A cuma.

> Ijilashi bä jamö, iba jedu ya cäcö shii taquema. Ya waja lä wäyäö wei, öjö cäcönö tä jimaö wä ... Obi macui mau unö, jei bita ya waliyaö coo maicätä.
> (Genesis 9:13, 15)

Yai bada tä lä cunowei bäma tä noji jaducäbobä. Tä mö ma luwääö täjä, cama jedu bä ma e shii liyajäwä ja mönö, quilii mai, bämacö cuobä.

Jedu cäcö shiinö, bämalecö moyawemaö. Bämalecö no bleama bä, bämalecö nowamabä, Yai bada tä nasimou daomi.

Showadi.

Jilamodima 27

Daö Jimöo Anö, Yaji Ösöwä A Lä Ta Nowejei

Doblao dodijiwä tä ja, Yanomamö bä balaa ja colonö, Yai bada täa juwanomije. "Bä da balalö, uliji a bada da jishiquiblamalije," Tä ma cunowei, (Génesis 1:28;9:1) awa juwanomije. ¿Yanomamö bänö, wedi tä tamaje?

Camiyä bämacö ija, inaja Yai bada täa cuu:

> Öjö täjä bita a bada jamö moli cajicö tabomaje, moli cajicönö bä a wayoma.
>
> ... Sinar a bölösö jamö bä waloquema. (jei täjä, Irak tä á uliji jilabouje) Öjamö bä nowa tayoma: "Bei mashita bä ma a ja jöcöblalönö, bä ma bä ja yablanö, bä ma bä da jijublamaö da dodijiyo.
>
> Mashita jöcöno bänö bä yajimoma, maa ma bänö mai.
>
> Bä nowa tayoma, "bei shabono bäma a da tabla, jedu misi jamö a ola lä waloo dayou wei, yaji ösöwä, bäma a cai da tabla. Bämacö sheleleblou bädao maobä. Yanomamö bänö bämalecö waja buji moyawe tabeje."
>
> (Génesis 11:1-4)

Yai bada tä doblao wa ja yai taö ma jei, yaji ösöwä anö, cama bä doblao jimamou buji doblaoma. Jawä omawä a doblao jimamou buji lä doblao wei naja, bä cuaama.

Cama bänö yaji ösöwä dodijiwä a tablaö buji ja doblao jenö, a yaji taö showaomaje. "Jedu misi jamö bä ma a waloama dayobä," bä nowa tayoma. Inaja showawä jei täjä yanomamö bä jole cuu. Iba doblao tänö jedu jamö ya niya juu, bä buji jole cuu.

> Inaja Yai bada tä cuma.
>
> "Bei bämacö da ito, bämabä cajicö da shomibla. Bä a jiliayou maobä."
>
> Yai badanö, bä cajicö ja shomiblalönö, uliji a bada jamö bä shelelou showaoma. Öjö täjä yaji a bada dölaquemaje. Yai bada tänö öjamö bä cajicö shomiblama yalo, Babel a waja uliji jilaquemaje. Bä a ijiliayoimi yalo, bä shedequeo showaomobodayoma. (Génesis 11:7,9)

Bä a lä jiliayou wei bä ja cocablalönö, bä juomobodayoma. Yaji ösöwä a taö dölaquemaje. Bä a jiliyayoimi ja, mashita a bada jamö bä jublou shedecou showaoma Yai bada cama tä lä cuno weinaja.

Yanomamö bänö yaji ösöwä a taö dölaquemaje. Yai badanö tä niya lä taö wei tä cuo showaoma.

JILAMODIMA 28
YAI BADA TÄNÖ ABRAM A YAILEMA

Tä no ja dedelölönö, jawä Omawänö bä bluca juwäbou cooma tä mömou cuoma, culenaja jawä bädawä.

Cama bänö tä taö buji lä doblao wejei tä tamaje. Motoca, Belibo ija ai bä jidesheblaoma. Bä jole Yai bada tä mobä. Tablalewä a yai doblao jima nomije.

Cristo a niya lä queblou wei, jawä 1925 ijinama bä läo showaoma.

Arabia tä uliji bayäcäladija, Abram a waja lä cuono wei, a bälöama. Tabija, Yai bada tänö Abraham a waja jilaöwä. Abraham wa cuu ja, Nodiwa Yajalawä, wa cuu.

Abramnö 75 ijinama tä taboma, bä suwäbä Saranö 65 ijinama bä taboma, Ijilu a tabo nomije. Cama e bä lä cui, jeculamolewä bä cuoma. Tablalewä a waja doblao ta nomije.

Öjö täjä Abraham ija Yai bada tä a jama.

> "Äjä uliji a da joyalö. Äjä mashi bä da dacäjölö. Ya uliji nia lä jimaö wei jamö wa yai jubä.
>
> Camiyänö bä balamaöwä. Bä buji doblamabouwä. Jödödöwä tä uliji jamö wa waja blaucou jödödöowä. Wa doblao lä jimaö wejei ya bä bluca bayeliblaö wä. Wa waja walidiwä lä taö wejei ya bä no bleamaö wä. Cajä wa wajanö uliji a bada jamö yanomamö ya bä bluca bayeliblaö wä"
>
> (Génesis 12:1-3)

Yai badanö Abraham a niya bayeliblama. Abramnö cama e uliji tabi ja jeicönö, Yai badanö a uliji niya lä jimaö wei jamö a juu ja, dodijidawä bolacabi e tä bä a wäquema.

1. Abraham nodiwa bä nia balamaö dodijiyoma.
2. Öjö nodiwa bä ijamö, jödödöwä a uliji bada jamö bä bluca nia bayeliblama.

Yai bada awa no bejedi yubou ja, a niya balamaö dodijiyoma. Cama ebä ija, awa no wäyälewä, Yai bada täa oni, Yai bada cama Jucäalewä a nia walooma.

¿Abrahamnö wedi tä tama?

> Yai bada tänö a ja nacalä jälönö, Abrahamnö awano bejedi ja yubonö, a wa juwama. A jocäö täjä a nia lä juu wei jamö a daö ma mai, Yai bada tänö a shimaö ja, a juu je yadioma. (Hebreos 11:8)

Abraham, bä suwabö sho cäcöbö beji tä jijuo jebalojoma, cama teli, cama mashi e bä bluca daajälö beje. Culenaja, Yai bada tänö a tamaö lä buji wei tä taböma.

Yai bada bäma awa juwaö tä jijuwä, culenaja showadi tä shilo dodijidawä balöwä.

Jilamodima 29

A Wa Lä Wäyäno Wei Tä Bejediblaö

Abraham, bä suwäbö sho cäcöbö badashibööma. Ijilu a tabo nomije. Culenaja Abram ija nodiwa bluca bä waja wäquema.

¿Etä no cublobimi ja, wedinaja Abraham a buji cuma?

> "Yai bada tä ano bejedi yuboma yalo, bejedimolewä a waja tama, a cadejewä jimama. Yai bada tänö Abraham cama noji e waja jilama."
>
> (Santiago 2:23, Génesis 15:6)

Adan nodiwa bä lä cuo no weinaja, Abraham walidiwä talewä a cuoma. Abel, Noe cäcöbönö cama walidiwä bä bateliblabä, oveja bä lä ishimanowei naja, Abrahamnö cama e tä cai dodoquema. Yai bada awano bejedi yuboma, Yai badanö a waja cadejewä tama. Saranö awano bejedi cai yuboma yalo, a cadejewä jimama.

Culenaja wano daobä tä jijuwä.

Canan tä uliji jamö 10 ijinama bä no daoma, Yai bada tä ija bä a jaö jebalojoma, Sara a shibänaimija. Öjö täjä, Saranö Abraham ija cama ojodamolemi, Egipto teliyoma Agar a jibäquema, cama sho cäcöbö cuoma. Öjö täjä a shibänalayoma. Iljilu walo a queblalema. Ismael a waja jilaquemaje.

Abrahamnö 99 ijinama, Saranö 89 ijinama bä taboböma. Yai bada tä lojote lä dodiji tä damoa colaliyoma. "Ijilu walo wa niya queblaö, Issac wawa ja nia jilaö." E cuma. Abraham ija ai tä a cai wäquema.

> Ijilujä Ismael... ya cai bayeliblaö wä... culenaja moli ijinama tä ja mladalunö, Saranö a ijilu nia lä queblaö wei, Isaac ija iba nojimou ya tä nia tabou dodijio. (Genesis 17:20-21)

Ijinama a ja mladalunö, Isaac a queblalema, a waja ijilu lä wäyä no wei.

Noleshi a da möö. Abraham, bä suwäbö sho cäcöbö mididi mönonoa cule. Yai bada tä shi öjöde jimaböö. Ai täjä Agar bä ijilubö Ismael sho cäcöbö shimölema, culenaja Yai bada tänö cäcöbö cai nojimaö showaoma.

> Paran tä uliji bloque jamö ijilu a yawäma. Yai bada tänö a cai nowamama. Öjamö culanö sheleca niyaö dalewä, sujilina a cublaliyoma. Bä nöönö Egipto teliyoma e ja nacalönö e dämalema. (Génesis 21:20-21)

Yai bada tänö a ja bayeliblanö a cai balaa jebolojolayoma. Ismael nodiwa, Arabe cäbä.

Isaac bä jöö sho a bälöama, bä jöö a bayeliblama, ai täjä yalo ocalo cadejewä bä yai yama. Bä ja ishimajenö, walidiwä bä batelimamaje. Culenaja, Abrahamnö, Isaacnö, Yai bada tänö dodoamodima tä nia lä nacaö wei, tä danomije.

Jilamodima 30

A Wabamou Lä Dodijiyo Nowei

Yai bada tänö Abraham cama bä ijilubö sho, yanomamö obi walidiwä bä ija bä nia lä jucäaö wei, tä no owä niya tama. Culenaja Yai bada tänö Abraham a cai bejedimou wabaö buji doblaloma yalo, cama ija e tä no quilijiwä lä dodiji tä nia tamaö bujima.

Abrahamnö Yai bada tä ano bejedi yuboma, a cai daö dodijioma. Yai bada tä doblao tä cai dama. Culenaja, ¿Yai bada tä ano bejedi yubou jeyadiyowä, tä tamaö lä buji wei, tä no ma quilijio jebalojo wei täjä?

Jei jilano inaja tä oni cuu:

Yai bada tänö Abraham a nia ja bejedimou wabanö.

"¡Abraham e cuma!".

"Jei cä ya" e cuu mö jeduoma.

"Ijilujä Isaac a lä cui, wa lä buji lä dodijile, Moria[11] tä uliji jamö a cai da alujälö. Jeju ya nia jimaö, öjö a jeju ja, camiyä ija wa dodobobä. Camiyä ija, wa ishimabä." E cuma.

Öjö tä jenaja, tämö jaluimaö täjä, Abraham a ja jocädalunö... Caö asho bä ja däalalönö, nosiyemano cäcöbö ja nacalönö bä ijilubö Isaac sho, Yai bada tänö a waja jeju lä wäyäno wei jamö bä juwa showalayoma.

Tres möjalu bä ju jälöma, Yai bada tänö a jeju waja lä wäyäno wei a blajawä dalalema. Nosiyemano bä nowa tama: Jäyäjä cäcöbö da cuwa jeicu, ijiluyä sho, Yai bada yama tä nia doblao jima dayou. Yajäcö waicou täjä, yajäcö waloo coowä."

Abrahamnö bä ijilubö ija, caö ashocö yeji maquema, Abrahamnö cowa wacä beji cai däboma, boo si sho.

Cäcöbö yamoo jälö täjä. Bä jöö Abraham ija Isaac awa jama."¡Jabe!".

"Wedi cätä bushe," e cuma.

"¿Jei caö ashobä, cowa bäma waca cai tabou culenaja, wedi jamö bä ma nia lä dodobou wei, yalo cä a?" e cuma

"Bushe, Yai bada camanö yalo a jibäaöwä. Abraham a cuma.

Öjö täjä cäcöbö yamoa showabejälöma. (Génesis 22:1-8)

Jilamodima 31

Bä Ijilubö A Nia Lä Shäbla No Wei

¿Abrahamnö bä ijilubö a cai yamoo jaöo mao täjä nosiyemano e cäcöbö ija a lä cuno wei wa tä a jililema?

"Yai bada yama tä doblao jimaö da balöodu, yajäcö waicou täjä, yajäcö waloo coo wä."

¿Wedinaja bä ijilubö a nia demö coojälöma a nia ma nomanowei, sicö niya ma ishino wei? Yai bada tä a cuu.

"Ijiluyä ya shäblaö ja, Yai bada tänö demö a nia jocädamaö coo." Abraham bei a buji cuma. (Hebreos 11:19)

Yai bada tä cuma, Isaac nodiwa bä ija, Bada tä nia cuoma, öjö a nodiwanö jucäalewä a nia queblama. Yai bada tä nasimou daomi, Abrahamnö tä dama.

Culenaja ¿wedinaja Isaac a buji cubä? Walidiwä talewä cä ya, tä dama, iba bä walidiwänö ya nia nomaö tä dama. Yai bada tänö walidiwä talewä bä nojimaö tä cai dama. ¿Culenaja yalo cama beji a niya lä läblamaö wei tä danomi? A buji möaama. Isaac bä jöö ija a cuma.

"Jei caö wacä cuwa, cao ashobä cuwa, culenaja ¿wedi jamö yalo ishimaö beji cä a?"

"Ishimaö beji cama Yai bada tänö oveja ocalo a jibäaöwä." Abraham a ja cunö, cäcöbö jujälöma. (Génesis 22:7-8)

Tä lä cuwa a no wei bäma tä a da jili.

Yai bada tänö tä lä jimano wei jamö bä ja waloicunö, Abrahamnö maqueo modima täcö cobeblalema, caö ashobä cai maquequema. Bä ijilubö Isaac a ja ocablalönö a maquequema, caö ashobä jeyaca ja.

Öjö täjä boosi däa showalema, bä ijilubö a shäblabä.

Culenaja jedu jamö Yai bada e angel awa bädaliyoma, "¡Abraham, Abraham!"

"Jei cä ya." a cuma.

"¡Ijilujä a shäbla dijä! ¡A jamima dijä! Cajänö, Yai bada yale noji yaibou, Yale no quili taö talei. Jei täjä ya daö. Ijilujä a ma majui, Camiyä ija, ijilujä wa noshi umabonomi," (Génesis 22:9-12)

¡Abraham bä ijilubö sho cäcöbö buji doblao dodijioma! Culenaja ¿wedinaja yalo a ishi dodoboböbä?

Abraham a mamo ja judalunö yalo ocalo baimi jamö bei cä yolacönö a jaa dalalema. (Génesis 22:13)

Bä ijilubö a niya ma shablano wei, a shäblanomi.

¡Yai bada tänö walidiwä bä beji yalo a läblamalema!

Jilamodima 32

Obi Tä Nia Lä Cublou Wei, Tä No Owä Mömama

¿Wedinaja Yai bada tänö Abraham, bä ijilubö a nowamöblalema? Yalo auau, shami mai a läblamalema.

> Abraham a mamo ja judalunö, baimi jamö bei cä yolacönö yalo a jaoma. A ja ucuicunö, a ucälema Yai bada tä ija a yablalema. Bä ijilubö beji a läblamalema. (Génesis 22:13)

Yai bada tänö Abraham ija, Camanö Jucäalewä, a niya lä shimaö wei, a niya lä läblamaö wei, walidiwä talewä bämacö niya lä jucäaö wei, bä no owä mömama.

> Inaja cudeenö Abrahamnö öjö jeju Yai bada tänö a jibäaöwä a waja jilaquema. Jei täjä showawä öjamö "Yai bada tänö a jibäaöwä" täbä cuu showawä. (Génesis 22:14)

Abrahamnö Yai bada tänö a jibäaöwä a waja taquema. ¿Wedi täja Yai bada tänö a jiyoma, awaja yai taa nomi?

Yai Bada tänö yalo a noji jibäa waiquiquenowei.

Yai bada tänö a jibäaöwä a waja jeju ja jilacönö, wawäyälewä, Abraham a cuma. Jei cäcö jeju ja, obi Yai bada tänö, Bä ijilubö iyä bä no bluca lä dodijii, iyä bänö, jei bita jamö, walidiwä bä bluca no niya cowamaö. Yanomamö bä blucanö awano bejedi lä yubou wejei, bä no bleaö shiwalii maicätä. Bä bluca balimiblouwä.

Tä no ja dedelönö, 1900 ijinama bä ja jayuonö, wawäyälewä Abrahamnö, Jucäalewä a waja no lä wäyäno weinö, inaja cama Jucäalewä a cuma.

> "Cajä wamacö nobadabö Abrahamnö, wale noji mölajaboma. Wale ja dalalönö, Abraham a buji doblaloma" Jesús a cuma. (Juan 8:56)

Yalo a lä yale, waqueshi bä ja ösölönö, Yai bada tänö Abraham ija obi Jucäalewä ija tä niya lä cublou wei tä mömama. Öjö a jeju jamö, bä ijilubönö a wali täjä, ¿Wedi jamö yalo cä a? Cama a wa lä juo nowei tänö, Abraham a buji möaö dodijiyoma.

> "Bushe, yablabä beji, Cama Yai bada tänö oveja ocalo a jibäaö wä." (Génesis 22:8)

Abraham bä ijilubö sho bä beji, Yai bada tänö yalo oveja ocalo a jibäanomi. Chivo a jibäa bädaquema.

¿Wedija yalo oveja ocalo cä a cuoma?

Tä lä cublou wei täjä, Yai bada camanö, tä a nia wäyäma.

Jilamodima 33
Yai Bada Yami Tä Bejedi Tä Doblao

¿Yai bada tänö Abraham ija ebä bolacabi lä wäyä no wei bä bejedibloma? Inaja e jaba cuma:

> "Bä nodiwa balamaö wä." e cuma." (Génesis 12:2)

Awano bejediyoma, Abrahamnö Isaac a taquema. Isaacnö, Jacob a taquema, Jacobnö doce bä taquema, öjö bä ija, Israel täli bä cubloma. Yai bada tä cai cuma.

> "Bita jamö bä bluca lä bälöaö wei, wabä bluca buji doblaamaö wä." Yai bada tä cuma. (Génesis 12:3)

Bä waja lä wäyä no wei, bä cubloma. Öjö bä nodiwa sho, bä buji ma jijuo täjä, Yai bada tä mayo bluca dablamoma, walidiwä talewä bä noji asiblama, bä nowamama. Cama bä lä nowama bole täjä, camiyä bämalecö cai nowamama. Jei bä ijamö wawäyälewä, Yai bada tä a onimalewä, bä nia wawäbloma, öjö bä ijamö showawä, Jucäalewä a nia wawäbloma.

Yai bada tänö a nia lä tano wei bä bluca juu cuwama.

Yädu jamö, Jucäalewä a waloo jaöo mao täjä, Yai bada tänö Moises, Abraham nodiwa a nacalema, wawäyälewä e cublobä. Ejipto jamö Abraham nodiwa esclavo bä lä tabo nowejei, Moisesnö bä jucälema. Yai bada tänö bä cai juma. Möjaluja ijilashi cäcö lämaboma, mididi täjä, cowa wacänö tä shii jila jamaboma, bä jajedio bä, modu ubada caloblalema. Pan, mana, bä ja, bä iyamama, maa mabä ja mau ubä ja jamalönö bä amishi cowamama. Inaja bä taamaö showao täjä Sinai cäcö jeju jamö bä cai waloquema.

Öjö cäcö cota ja, Yai bada tänö bä nowa tama.

> "Iba wamacö nia cuo… Iba wamacö nia yaiyo." (Éxodo 19:6)

Yai bada tä cuma, Iba bä da ayaicu. Walidiwä tä juli dijejä. Ai bä lä bälöaö weinaja mai. Culenaja, bä waja lä tano wei bä no öjöböa nomije. Walidiwä talewä cä yamacö, bä buji cunomi. Öjö bä ija, walidiwa wa bä noji walibou tä jimabä, Sinai cäcö jamö a ja dicäicunö bita a blösöblösö momama. A bada cai jeju wacä waoma, yalu, jawä tola a bada jilimou cuoma.

> Sinai cäcö jeju jamö Yai bada tänö cowa wacä cai ja itolönö, öjö wacä waqueshinö jeju cäcö bada je yojoblalema. Waqueshibä ösö jalöma. Jeju cäcö bada icali blösöblösömou no bada quiliaö jebalojoma. Icali dodijiwä tola a wa bada jaö balaö jebalojoma. Öjö täjä Moisesnö Yai bada tä a wayomama. Jawä yalu a bada lä jaö lä culenaja Yai bada tä a juoma.
> (Éxodo 19:18-19)

Yai badanö Adan ija wasimodima moli tä a wäquema.

Jei nodiwa bä ija, Camanö, diez bä yai niya jibäaö.

Jilamodima 34
Diez Jilamodima Bä Lä Jibäqueno Wei

Yamacö cadejewä waiquiwä, bä buji cuma. Inaja cudeenö Yai bada tänö 10 jilamodima bä jibäquema. A wa nacli ja jilimonö, Sinai cäcö jamö bä bluca jilama. Öjö täjä maa maabä acataju ja oni bä jibäquema.

Diez jilamodima bäma bä da möö.

Yai bada a cuma, jei 10 jilamodima wama bä a juwaö cadidiobä.

> Ya bä tamaö lä buji wei bä taö lä majei, ya bä walidiwä jimaö wä.
> (Deuteronomio 27:26)

¿Jei 10 jilamodima bä a jiliyaöje täjä wedinaja cäbä buji cuma? ¿Tä dodijidawä waiquiwä bä buji cuma? ¿Cajänö wedinaja cä wa tä möö taamaö? ¿Yai bada e uliji doblao jamö wa bälöa bä wa cadejewä waiquiwä lä cä?

Jaba a lä cui, bäma a da möö. ¿Yai bada wa tä yai noji mölajabou cule? Wa tä taömi ja, jilamodima wa bä a juwaimi. 5 a lä cui, bäma a da möö. Jaajä, naajä wa bä a juwanomi ja, Yai bada tänö walidiwä talewä wa jimaö waiquia. Jei täjä 8 a da möö. Ai madoji wa tä tomölema ja, walidiwä cätä waiquiwä. ¿Ai täjä, wa nisimoma? jo, jilamodima 9 a lä cui wa wa juwanomi. Jödödö, inaja tä a cuu, ai e tä ja wa buji wayuyou ja, tä walidiwä. Yai bada tänö bämalecö walidiwä jimaö wawädowä.

Moli walidiwä taö anö, Adán, Eva, Yai bada tä ija cäcöbö noji tayou mladaliyoma. Camanö dodijidawä tä tamaö lä bujii wei tä shomiblonomi.

> Jilano tä anö bä taö lä wasii wei, wa bä bluca ma taö mai, moli a taö ja, jawä bä bluca tama, a waimou wä. (Santiago 2:10)

Yai badanö walidiwä bä bluca bujiimi. ¿Wa lä miyo wei jamö yalo, jote, li jitali wa nia tabou lä cä? Inaja Yai bada tä ija bämäcö walidiwä bä cuwä. Li cledeli wa ubä jole löaö macui, a jitali niya mladoimi. Inaja shoawä, ai bäma bä taö anö bämäcö buji aubloimi.

Möle anö wale mojecö shami dablamaö, Yai bada tä anö wale walidiwä dablamaö. Möle anö ya mojecö aublou maicätä, jilamodimanö ya buji aublou maicätä.

> Jilano tä a juwaö anö yanomamö bä jucäamou daomi. Jilano tä anö yanomamö bä walidiwä no öjöböamou tajiyao. (Romanos 3:20)

Camiyä bämäcö cadejewä wajacäwämi, jedu jamö Yai bada tä sho bämäcö nobälöo bimi.

Jucäalewä mai ja, bämacö waloo maicätä.

1. Ai tä ïja bä jolemoshi Yai bada tämo dïjä.

2. Wamacö diosimobä noleshi, bä tabla dïjejä.

3. Yai bada awa no waibla dïjejä.

4. Ojodemobä mai tämö jalu ja, bä ojodemo dïjä. Yai bada que tämö jalu.

5. Jaajä, naajä awa da juwa.

6. Ai yanomamö a shäbla dïjä.

7. Wa bou lä mai sho, a wamo dïjä.

8. Tomömo dïjä.

9. Nasimou awanö ai bä mölama dïjä.

10. Ai e suwä ïja a buji wayuyo dïjä, ai e bä madoji ïja bä buji wayuyo dïjä.

Jilamodima 35

Ai No Owä Cäbä Showawä

Öjö bä ija 10 jilamodima bä jibäquema, walidiwä, dodijidawä bä dabeje. Dodijidawä cätä. Culenaja walidiwä tä cai jimaö wawädooma. Walidiwä tänö bä nia nomama, Yai bada tä ija bä waloo daonomi.

Inaja Yai bada tä cuu showaoma. Yalo wama iyäbä yamishaö anö, bämacö noji asiblaö wä. Inaja cudeenö Yai bada tänö jilamodima bä bluca ja jibäcönö, Moisés ija a cai cuma.

> Camiyä ya beji ishimamodima cäcö da cobeblalö. Öjamö Camiyä ija yalo wa bä ishimabä. (Éxodos 20:24)

¿Oveja bei je ja Moisés imöcö lä maquele wa tä möö cule? ¿Yalo a lä maquele jamö bä bluca imöcö lä dodole wa bä möö cule? Yai bada noji asiblalewä cä a. Walidiwä bä noji asiblabä, yalo mojodi a wai shäblalema. Öjö täjä a wai ishimama. Yalo iyä bänö walidiwä bä batelimama. Öjö täjä a ja ishimalönö bei ishibä cublaliyoma, öjö ishi bänö walidiwä bä ano mladamama. Noji asiblano bä cublaliyoma.

Culenaja yalo iyä bänö walidiwä bä lä batelimano wei, obi Yai bada tänö tä niya lä taö wei tä no owä jimama.

> Jilano tä a la cuinö, showadi yalo iyä bä läblamaö bujima, culenaja, yalo iyäbänö, walidiwä bä bejedi joyaö daonomi. Bä joyaö daoma jacunoja, yalo moli a ja shäblalönö, bä moli yanöcödaliyoma. Tä doblao nia lä wawäblou wei tä no owä taö bädao maje. No owä tänö bejedi buji yanöcöwä tä jibäaö daonomi.
>
> Culenaja yalo bei iyä bä shilo jibäaöje täjä, öjö yalo iyä bä ja möjenö, öjö ishimamodima bä taöje anö cama bä walidiwä jimaö showaoma. Toros, cabritos iyä bänö, walidiwä bä bejedi mladamaö daomi. (Hebreos 10:1-4)

Yai bada tänö cama a lä culenaja, yalo bä tablanomi.

Yanomamö a nowa bluca balöwä, yalo a yai nowa cuwami. Jawä ai madoji a no cuwa lä mai anö madoji a no lä blucai a däamou daomi lä culenaja yalo iyä bänö walidiwä bä mladamaö daomi.

Yalo iyä bä wajacäonomi. Ai dodidawä tä yai bujimoma. Culenaja, yalo iyäbänö obi, Yai bada Jucäalewä a no owä jimaö jeyadiyoma.

JILAMODIMA 36
WAWÄYÄLEWÄ BÄÄ

Jucäalewä a nia lä waloo wei tä ajedou täjä, Yai bada tänö wawäyälewä bä ija tä a bluca onimamaö[12] bujima: Jei ai que bä oni.

Suwä moco, aca comi, a ja shibänalönö, ijilu walo a queblaöwä. Wawäyälewä Isaias a Cuma.
— Isaias 7:14

"Belen teli wamacö ijamö, a nia lä bada loo wei a nia wawäblou. A cuo lä shomaonwei cäa." Wawäyälewä Miqueas a cuma. — Miqueas 5:2

Cajä bämacö ija ijilu a wai quebloma...inaja a waja nia jilamou, a lä Doblao Balöi... Yai bada tä lä Lojotei... Bada tä Doblao.... Wawäyälewä Isaias a cuma. — Isaias 9:6

Yai bada a nia waloo... Bämalecö jucäabä. Öjö täjä bä lä jubäbii tä dablaö weje. Bä yämöcacö lä comi, tä a jilii weje. Bä lä shicobii, jawä jaya bä jelu jelumouwä. Wawäyälewä Isaias. — Isaias 35:4:6

Jawä yalo a shäblamobä a juwääö weje. A shablaö weje. Wawäyälewä Isaias a cuma.
— Isaias 53:7

"Bei wale imöcö basuwaö weje, bei yale mamibä cai basuwaö wejei." Wawäyälewä David a cuma.
— Salmos 22:16

¡Jucäalewä a nia waloo! ¿Wedi täjä? ¿Wedi cä a? ¿Tä a lä wäyäno wejei, wedinaja tä a nia bejedIblou?

Parte 2

Bälöamö Tä Lä Cuno Wei Tä Bejediblalema

— Dude Jilamodima Tä A —

Jilamodima 37

Bada e Tä a Juu Cuwaö Showaoma

¿Bada e tä a lä wäyäö balöo no wei, wedinaja wa buji cuma? ¿Wedi cä wa tä dalalema, Antiguo Testamento tä a jamö?

Testamento wa cuu ja, Yai badanö bämalecö lä nojimaö wei tä jimama, dude tä a wawämaö jaöo mao täjä, inaja Yai bada tä cuma.

> "Tämö jalu nia waloo... Iba dude nojimou ya tä a nia bejedi wawämaö."
> (Jeremías 31:31)

Tä a wäyäö lä baöonowei, Yai bada tä doblao dablamoma. Öjö tä anö yanomamö bä bluca cai waja walidiwä tama. Öjö tä anö cai, wawäyälewä bänö Jucäalewä bada tä Mesías a nia waloo bä cuma. Culenaja jei täjä, dude tä a jamö, Bada tä Mesías a waloquema bä li cuu.

Nuevo Testamento tä a jamö, Doblao Täa tä cua. Árabe bä lii cuu, injil. Injil wa cuu ja, Doblao Täa, wa cai cuu. Doblao Tä a jaba wawäblou täja, inaja tä a cuu.

> "Yädu jamö Bada tä Jesús Mesías a waloomao täjä, bä cuo lä balöo no wei, David nodiwa Abraham e bä sho: Abraham a lä cui, Isaac bä jöö e cuoma. Isaac a lä cui Jacob bä jöö e cuoma."
> (Mateo 1:1-2)

Bä a lä yublaimanowe, Abraham nodiwa Jesus a cuo cadidiyoma tä jimaö. Abraham ija Yai bada tä lä cuno wei, "Äjä nodiwanö jödödöwä ya bä bayeliblaöwä," tä bejedibloma.

Nuevo Testamento jamö, cuatro Doblao Täa, bä a lä jilabouwejei tä cuwa. ¿Wedi täja cuatro? ¿Wedi täja moli tä a wajacäo nomi? Antigo Testamento jamö Yai bada tänö Moisés a nowa tama.

> "Tä a niya bejediablaöje ja, bolacabi o tres bänö bä waja wäyä be je."
> (Deuteronomio 19:15)

Cama a lä cuwaano wei, bämabä shaliliwä da bä, Yai bada tänö bolacabi o tres bä yaiya nomi. Cuatro bänö awaja no bada tä Mesías onimamaje. Onimalewä bä waja lä cui, Mateo, Marcos, Lucas y Juan. Öjö bänö tä onimamaje, culenaja tä a bluca macui, tä a moli.

Nuevo testamento jamö, 27 onimano bä cuwa, Lucasnö, Hecho tä a jamö, Mesiasnö bä bluca lä waicano wei tä a tama. Bujilewä shäblalewä a ma cuo nowei, Pablonö cama e tä a cai wäyäma. Santiago y Judas, (Jesús mashi cäcöbö), Pedro y Juan (yulimolewä cäcöbö,) öjö bänö dude tä a onimaö waicamaje. Yai bada tä lä nojimou wei tä wawäblou jödödöoma.

Jei täjä bämabä waja nia jiliyaö biyäo.

Jilamodima 38

Maria E Tä A

Bluca ijinama bä ja jayuonö, Yai bada tänö bita jamö Jucäalewä a nia lä shimano wei tä nia bejediblama. ¿Wedi ca nia cuo? ¿Wedinaja cä a nia wawäblou cuo?

> Judea jamö bada tä Herodes a balöo dodijiyo täjä. Yai bada tänö angel Gabriel Nazaret a shabono jamö, Galilea, a uliji jamö, moco, aca comi ija a shimölema. Öjamö walo, Bada tä David nodiwa, José awaja cuoma. Öjönö moco a nia däama. Moco, aca comi a lä cui, Maria awaja cuoma.
>
> Angel awa jama. "A quili dijä Maria; Doblao ya tä a wäyäö mö juma. Yai bada tänö wa yailema. Waja shibänalönö, ijilu walo wa tablaöwä. Jesús wa waja jilaöwä. A balöo dodijiowä. A Bada tä bälöo lä dodijii bä ijilubö a waja jilamou wä. Yai bada tänö a ja bayeliblanö, bada tä David a bälöo lä dodijio no weinaja, a bälöo dodijiowä. A bolöo lä dodijii etä mladou maicätä."
>
> "¿Wedinaja jei cä tä bejediblobä? Ya aca comi." Maria a cuma.
>
> "Cajä ija Yai bada tä no ujudibö waloo wä, ijilashi cäcönö waje yojoblaö wä. Inaja cudenö, ijilu doblao wa nia lä tablaö wei, Yai bada tä balöo lä dodijii e waja jilamou wä." (Lucas 1:5-28,30-35)

¿Wedi täja Gabrielnö Jesús "Yai bada tä ijilubö" a waja jilama?

Ai bä buji cuu, Yai bada tänö suwä a ja dälänö ijilu a taquema bä buji cuu, culenaja inaja tä cuonomi, jawä África tä ulijija jamö wa cuoma ja, Africa bä iljilubö cäa, täbä cuu dao. Africa tä ulijinö a taa nomi, öjamö a cuoma, tä jimaö.

Mesías, Yai bada tä ijilubö, a waja jilamou. Adán nodiwa, walidiwä bänö bämacö ocaboma yalo, a shimölema. Yanomamö bä jöö e cuo nomi, Cama Yai bada cä awa, Yai bada tä ijilubö cäa.

> Mashita a bada cuo mao täjä, bei cä awa cuo balöoma, Yai bada tä sho öjö awa cuoma. Bei awa Yai bada tä cuoma. Bä bluca lä cule, Yai bada awanö bä bluca tablalema… Bei cä awa yanomamöblaliyoma, camiyä bämacö ulijibö jamö a bälöoma, yama a doblao dalalema, Yai bada bä ijilubö cäa, a doblao balöwä, a shilo bejedimou, a nojimou je balojowä. (Juan 1:1-3,14)

¿Adannö, jimo jimo a waö je lä yadio no wei täjä, wedinaja Yai bada tä cuma? Obi suwä a nodiwanö olu cäcö je badiquiblaö wä. Tä cuma. Öjö awaja lä wäyäno wei, jei täjä moco a comi lä showai, bei cä nosicö jamö a cua. Olu cäcö je nia lä badiquiblaö wei, tä nia damou.

JILAMODIMA 39
JOSE TÄ A

Josénö María a noji tama, José jii jibänö madoji talewä a cuoma, Nazaret tä uliji jamö a bälöoma.

José, María, David, Abraham nodiwa cäcöbö cuoma. Öjö bä nodiwa yalo, José a bada cuo beji tä cuoma, culenaja Roma teli bänö a uliji bada juwäbomaje. Roma teli bä soldado ja lämonö, judío bä dablaö je täjä, bä demö yauwamamaje. Nowa cowalewä bänö bä bluca cai no bleamaö je balojomaje.

José a buji doblao dodijioma, María sho cäcöbö dowayou beji e tä ajedomo. Cäcöbö nia lä bälöaö wei tä cai cobemaö waiquiyoma. Culenaja, Josénö María a shibänabö wa ja jililema.

¿Wedinaja cä a José buji cuma a waja shibänabö jiliyaö täjä? María a yabäcoma, a buji cuma.

María a shibänabö wa ja jililänö, José, cadidolewä a cuoma yalo, wawädowä a no bleamaö bujio nomi, mamicai a nia joyama.

> Josénö, María a nia lä joyaö wei täja, a buji daeo täjä, cama ija, Yai bada tä e Ángel majali waloquema.
>
> "José, David nodiwa, María a däaö quili dijä, Yai bada tä no ujudibönö a ijilu didiquema, ijilu walo a tablaö wä, JESÚS wa waja jilaö wä. Yanomamö Jucäalewä a waja jilamou wä, yanomamö bänö walidiwä bä lä taö wejei, bä walidiwä mladamaö wä.
>
> Jei tänö, Yai bada wawäyälewä a lä cuno wei tä bejedibloma. "Moco a comi lä showai, a ja shibänalönö, ijilu walo a tablaö wä, EMANUEL a waja jilamou wä. Camiyä bämacö ija, Yai bada tä bälöa cule, tä jimaö."
>
> (Mateo 1:20-23)

¡José a buji dobladou jebalojolayoma! ¡María, Mesías bä nöö a waja lä wäyäno wei a nia cuo! ¡Cama José a lä cui, jilalewä a nia cuoma!

Mesias bä nöö yanomamö e nia cuoma, bä jöö, yanomamö tä cuo nomi. Yai Bada, bä jöö e cuoma. Jesus a waja cuowä. Öjö ta lä jimaö wei, Jucäalewä.

> José a ja jocädalunö, Yai bada tä e angelnö a tamaö lä buji no wei, María a däa showalema. A ijilu queblaö jaöo mao täjä, Josénö bä suwäbö a tanomi, ijilu a ja queblanö, Jesús a waja jilaquema. (Mateo 1:24-25)

Yai bada tä imöcö lojotenö bä bluca luluboma.

Jilamodima 40
A Lä Queblo No Wei

Setecientos ijinama yädujamö, Belén, bada tä David e shabono jamö, Bada tä Mesías a nia queblou, wawäyälewä Miqueasnö tä jimama.

Culenaja, Nazaret a shabono jamö cäcöbö bälöoma. Tä blajaoma. Tres wa niya mio jälöma, Belen jamö wa waloobä. ¿Wedinaja tä bejediblobä?

Yai bada tänö tä daö waiquioma.

Maríanö ijilu a nia lä queblaö wei tä ajedou täjä, Roma teli bada tä Augusto Cesarnö, yaji telimö, ai a shabono jamö bä cai lä bälöblai bä bluca nacama, bä waja bluca onimamobä. Öjamö Jose, María sho, cäcöbö juma, bä waja cai onimamou naleo bä.

Öjamö bä cuo täjä, María a ja ninimolönö ijilu walo a queblalema.

> Wadoda acataju sibänö a wai ja jaloblalönö, yalo bä lä iyamaö wei jamö a ijilu didiquema. Yaji bä ja jishiquionö, yalo bä lä miyo wei jamö cäcöbö miyoma. (Lucas 2:6-7)

Belén jamö, jaba suwä ija awa lä wäyäno wei, a wai quebloma. Wa wäwälewä bänö tä a lä onimano wejei tä bejedibloma. Inaja Yai bada tä a nö tä a taö.

> Maríanö bä ijilubö walo a wai queblama. (LUCAS 2:7)

María bä ijilubö queblano dude e wai cuoma, culenaja, Yai bada tä sho cäcöbö balimi lä bälöo no wei, a cuoma. Öjö awanö mashita a bada ma tablalenowei, Sinai cäcö bada jamö, bei a wa icali jilimoma macui, jei täjä ijilu oshe oshe a wai öcö wa jiliyo.

¿Wedi jamö cä a wai quebloma?

Bada tä bä lä bälöo wei jamö a queblonomi, jalili bä lä didio wei jamö a queblo nomi. Jedu je dole jamö a Bada tä macui, oveja yajibö jamö, a quebloma, yalo bä lä iyamamou wei jamö a wai oshe didioma.

Yai bada tänö öjö bä bluca jumama.

> Inaja bäma a daö, Bada tä Jesúcristonö bämalecö nojimaö je ja balojoonö, bä lä balimi bä ja dacöjälönö, a joliblaliyoma bämalecö bayeliblabä. Jedu jamö balimi bäma bä tabo bä. (2 Coritios 8:9)

¿Yai bada tänö bä ijilubö a lä queblono wei, a noji dowabeje, ai bä shimanomi?

¡Awei, bejedilä!

JILAMODIMA 41
YALO OVEJA NOWAMALEWÄ E TÄ A

¿Bada tä Mesías a lä waloque no wei wedi bänö tä a jaba jililemaje? ¿Bada bänö lä cä? ¿Ai bada bä no lä madojibii bänö lä cä?

Ma.

Tä a Jaba lä jiliyano no wejei, yalo nowamalewä bänö tä a jaba jililemaje. Öjö bänö yalo Yai bada e yaji jamö bä lä ishimaö wejei bä yalo badamamaje.

Belén a bälösö jamö, yalo nowamalewä bänö mididi täjä cama yalo bä nowamaö cai cuomaje. Öjamö Yai bada e angel a bödoma, a shii jilajao dodijioma. Yai bada tä shiinö, bä quiliblou dodijioma.

Angel a wa jama, "bä quili dijä, dodijidawä ya tä a wäyäö mö juma… Jei täjä, wawäyälewä David e shabono jamö cajä wämacö Jucäalewä a quebloma, Bada tä Cristo,[13] Jei ya wanö wama a no ojöböaö wä. Yalo nii bä lä didibou wei jamö, acadaju sicönö ijilu wama a jalowa, didia dablaö wä.

Ai angel bä ja bädalunö, bä amoamoma… "jedu jedole jamö Yai bada tä shii jilajawä je balojowä. Yai bada tä a lä juwaö wejei bä buji doblao cai bälöaö wä."

Angel bänö bä tabi ja jeicönö, jedu jamö bä ösöa ja colönö, yalo bä lä nowamaö wejei bä nowa tayoma. "Bei Yai bada tänö a waja no lä wäyäno wei, Belén jamö bäma a da mödu."

Bä lobalayojälöma, María, José cäcöbö ija bä waloquema. Yalo niibä lä didio wei jamö a ijilu didia dalalemaje.

A wai ja dalalöjenö, cama bä ija angelnö a waja lä wäyäno wei ai bä ija täa wäyämaje. Tä a ja jilia jenö, bä bluca buji möaama. (Lucas 2:8-18)

¡Yalo nowamalewä bänö tä a wäyäö showaomaje!

¡Jucäalewä a quebloma! ¡Yama a möma! ¡Yama a wai jubama! ¡Angel bä cuma Cristo cä a! ¡Jedu misi jamö angel bä amoamoma! ¡Mididi tä lä cui tämö jabloma! ¡Mesías a waloquema! Jei täjä cajä bämacö ija a cuwa.

Tä a lä wäyäno wei ai bänö tä a bejediablamaje, culenaja ai bä blucanö tä a nasiablamaje. Bada tä ja yanomamöblonö[14] a wajano blaucublou dodijioma.

Ocho mididi tä ja cublonö, circuncisión a tamaje. Öjö täjä JESÚS a waja jilaquemaje. Bä nöö a shibänaböo jaöo mao täjä, angelnö a waja lä jilaquenowei. (Lucas 2:21)

Jilamodima 42
Shidicali Mölewä Jama Cäbä

Yalo bä yaji jamö, Jesus a ja queblalönö Josénö yaji a daema, bä suwäbö, ijilu a wai sho, bä bälöo bä.

Shidicali mölewä, Jerusalén jamö bä waloquema, shidicali anö bä cadidamama. Persia tä uliji blajawä ma dodiji, bada tä lä queblono wei a möbeje.

Jei bänö tä lä cublaliyono wei tä walii nabä jumaje:

"¿Wedi jamö Judío bada a lä queblono wei cä a? Shidicali, yama e ösöö ja dalalönö, bada yama tä doblao jimaö mö juma."

Bada tä Herodesnö tä a ja jililänö a buji shi jalimoma. Sacerdote bä bluca, Judío jilano tä a jilalewä bä cai ja nacalänö, bä walima. ¿Wedi jamö cä a shabono jamö Cristo a nia jola queblama? A cuma.

"Judea tä uliji, Belén cä a shabono jamö a nia quebloma. Inaja Yai bada tä ano wäyälewä bänö tä a onimamaje." bä cuma.

Herodesnö shidicali mölewä bä nacaa jatolema. "A ijilu da dalaluduje, wama dalalei täjä wamale da yömöcamayo, camiyänö ya cai ijilu bada jimadayobä."

Bada tä waja ja jililäjenö bä julayoma, bä jujälö täjä, shidicali a ja bälöjälönö ijilu a cai lä bälöo wei a yaji jedu jamö, shidicali a yanöcödaliyoma.

Shidicali a ja dalalöjenö, bä buji doblalou je balojooma.

Yaji jamö, ijilu, bä nöö Maria a sho bä dalalemaje. Ijilu a ja dalalöjenö, bei majecocönö bä ja jidesheblaonö, ijilu a doblao jimamaje. Madoji e bä beji cai ja caloblajenö, ijilu a dobämaje, oro, lii cledeli waqueshi beji, jole jole u bä lii cledeli bä bluca jibäquemaje.

Àngelnö, bä majali ja wasilänö. Herodes ijamö bä waloo nomi. Cama uliji jamö bä cowa jatolayojälöma.

Shidicali mölewä bä ja colönö, José ija, angel e majali ja waloicunö a wa jama: "A da shuluco, Egipto jamö ijilu a cai da docölö. Bä nöö e cai, öjamö bä da yanöcöicu. Herodesnö ijilu a daei wä, a shäblabä." (Mateo 2:1-13)

Herodesnö a shäblaö buji tajiyaoma. Jerusalén teli bänö a wa bejediabla nomije. Culenaja, shidicali mölewä, blajawä bä lä juima no wei bänö, a ijilu doblao jimamaje, a dobämaje, oro, lii cledeli e ubä cai jibäquemaje. ¿Culenaja wedi täja nomawä bä beji lii cledeli ubä li jibäquemaje?

¿Jesús a nomabä a quebloma, tä damaje tawä?

Jilamodima 43

A Ijilu Doblao Lä Dodijii

Angelnö, José a ja mowawemalönö, María, Jesús a wai oshe cai ja docölönö, Egipto tä uliji jamö bä yanocöque dayoma.

> Herodes a ja nomalönö, ... José ija Ángel e majali ja bädou ja colonö, a wa jama. "Bei a da shuluco Israel tä uliji jamö ijilu, bä nöö sho, cäcöbö cai da cobojälö, a ijilu shäblaö buji lä doblao no wei bä nomalayoma."
> (Mateo 2:19-20)

Wa wayälewä bänö tä a lä wäyäno wei tä a bejedibloma.

> Egipto tä uliji jamö ijiluyä ya nacalema. (Oseas 11:1)

José, María sho, Jesús Nazaret jamö a cai bälöomaje. Öjamö cama bä ai bä sho[15] a badalayoma.

Jesús a osheo täjä ai bä ijilu lä culenaja a cuoma macui, a iyama, a cai iliyamoma, a cai liblomoma, a lä jilaö wei bä lobe taö si ijeoma, culenaja a nabämo nomi, a shilo shiöjödeoma, showadi bä jöö bä a juama, a nasimo nomi, showadi jedujamö bä Jöö a lä culadi a buji doblamama.

> ... Noji bäyäalewä bada cä a. Dodijidawä talewä cä a. Walidiwä a taimi, cadejewä dodijiwä ... (Hebreos 7:26)

Jesús yami a cadejewä waja tamoma, cama a cadejewä bälöaö showadaoma yalo, a nojimou, buji jaducäwä, lojote cai bälöama, inaja a cuwä yalo María nosicö jamö a didio jaöo mao täjä, Yanomamö bämacö ijamö a nia lä bälöaö wei tä daö waiquioma. Cajä bämacö ija a bälöabä, a yanomamöblaliyoma.

> Jesús a buji moyawe cai ja badalönö, Yai bada tä buji doblaoma, yanomamö bä buji cai doblaoma. (Lucas 2:52)

Jesúsnö doce ijinama bä tabou täjä, judío bänö fiesta pascua[16] bä taöje täjä, Jerusalén jamö bä juma. Pascua bä yalo waö ja waicojenö, bä ja colöjälönö. Jerusalén jamö Jesús a jäblou jatoma, Judío jilano tä a jilawä bä ijamö a loo naleoma. Jesús a yömöca daoma, Jesúsnö bä walima.

> Jesús a buji dao yalo, a wa juo dao yalo, Jesús a wa lä jilii wejei bä buji möaama. (Lucas 2:47)

Yai bada e yaji jamö yalo oveja, bä ishimamaje, Camiyä cä ya no owä, Jesús a ijilunö tä daö waiquiyoma. Bada bänö tä da nomije. Jesús jawä oveja ocalo jödödö a niya jibäoma.

Jilamodima 44
Yai Bada Tä E Shimano

Jesús a lä queblo no wei, treinta ijinama bä jayuoma. Cesar Agusto a nomalayoma. Bä ijilubö, Tiberio César Roma jamö a bada looma. Herodes Antipas, Galilea uliji jamö, Poncio Pilato, Judea jamö bä li bada cuoma. Ulijibloque jamö wawäyälewä dude a wa bädoma.

> Judea tä uliji jamö moje ojomalewänö, bä yömöcamaö ja, inaja a cuma. "Walidiwä bä ja bä buji da lädalu, jedu jamö a bälöo lä dodijii, jei täjä, jäyäja e tä ajedewä."
>
> Yai bada tä ano wäyälewä, Isaiasnö a waja lä wäyäno wei. ...walo icali a wa jaö: "Bada a bälöaö lä dodijii tä nia juu, bei yoca baimi je balojowä täjä wama yoca wawämaö lä culenaja, bä buji da wawäblalu ..."
>
> Camello sicö coinö Juan a didioma. Yalo sicö cai acataju yaboma. Sequi sequima bä owama, buu ubä cowama. (Mateos 3:1-4)

Ai bänö wadoda liyäjäwä sibä ja bä didioma, nii liyäjäwä bä wamaje, culenaja Juan a joliyoma, Yai bada shimano e cuoma.

Bälöamö a wa wäyäbä Juan a balöoma.

Yädu jamö, wawäyälewä, Isaias, Malaquias, cäcöbönö tä a onimamaje, dude wawäyälewänö Bada tä Jucäalewä a waja waloo wäyäö wä, öjö wawäyälewä Juan a cuoma.

Wawäyälewä bänö tä a jaba wäyäöje täjä, Jucäalewä a nia waloo, bä cuma. Culenaja Juanö tä a wäyäö täjä inaja a cuma, jei täjä Jucäalewä a cuwa waiquia.

Uliji bloque jamö Juan a wa jilibä, bluca dodijiwä bä walooma. Bä walidiwä lä tano wejei, bä waja bluca walidiwä ja wawämajenö, Jordán u jamö Juan ija bä moje ojomamoma. Bä moje lä ojomamonowei, camiyä beji Jucäalewä a niya läblou, tä jimamaje.

Juannö Jucäalewä a waja tama. "... Camiyänö cama sapato ya bä taböcö no cushabimi. Camanö cajä wamacö ija, Yai bada tä no ujudibö jibäaö wä ..." (Mateos 3:11)

Jordán u casi jamö bä bluca yodoo täjä, Moje ojomalewä Juan ija Jesús a waloquema.

Juannö Jesús a ja jimanö a cuma.

> A da möje, Yai bada e beji joyalewä cä a. Yanomamö bänö walidiwä bä lä taö wejei bä mladamabä. (Juan 1:29

¿Wedi täjä Juannö, Jesús Yai bada tä e cordero waja jilama? Wa tä daö ja, Bälöamönö tä niya lä täö wei wa etä daö.

Jilamodima 45
Yai Bada Bä Ijilubö A Doblao

Jesús, Juan ija a moje ojomamou mö juma, culenaja, Juannö, Jesús a wasima. "Bada tä Mesías wa bälöo lä dodijii cä wa. Walidiwä talewä wa mi."

> Jesús a wa jama: "Yai bada tänö a tamaö lä buji wei, bämabä bluca täbä." (Mateos 3:15)

Juannö a moje Jesús ojomama, a moje lä ojomamo no wei tänö, a yanomamö jimöoma.

> Jesús a ja moje ojomamolönö a jashölöo täjä, jedu misi ja caloblonö, jawä joledo, Jesus ija, Yai bada täno ujudibö itoma. Jedu jamö a wa bädaliyoma, "Jei ijiluyä ya nojimaö lä dodijiyowei wei cä a." (Mateo 3:16-17)

Jaba dodijiwä moli bei cä a wanö bä lä tablaleno wei täjä, bä bluca dablou cooma. Yai bada tä, bei cä Awa, bei cä ano Ujudibönö, bita a tablalemaje. Jei täjä, bämalecö jucäabä[17] bä moliblou colayoma.

Yai bada täno ujudibö, (Jaba mau ubä jeyaca jamö, Tä lä juwadalonowei) Jesús ija a itolayoma. Yai bada bä ijilubö (bei cä a wanö uliji a lä tablaleno wei,) A jashölöocule, jedu misi jamö bä jöö bäma a wa jlilema.

Treinta ijinama, Jesús bluca bänö a danomije. Culenaja bä jöö Yai bada yaminö a shilo dama, a wa lä wayou wei, a buji lä daeyo wei, a bluca lä cuwaaö wei bä bluca dama. ¿Cama ija wedinaja a cuma?

> "Bejedi cama ija ya buji doblao"

Jesús yaminö, Yai bada tänö a tamaö lä buji no wei bä bluca shilo tama. Showadi jödödöwä, doblao bä shilo tama.

Adannö Yai bada awa juwanomi. Jesusnö Yai bada tä ano bejedi yuboma, Jesús cama Yai bada tä cuoma.

> Yädu jamö Yai bada wawäyälewä bä ija camanö tä a wawämama, ai bä ija nolami, ai bä ija majali. Ai bä ija a wa jaö wawädoma. Culenaja jei täjä camiyä bämacö ija, Yai bada tä ijilubönö tä a wäyäö wawädoma… uliji a bada tablalema. Bä ijilubö ija jödödöwä bä bluca jibäquema. Bä ijilubönö bä jöö Yai bada tä shii jilajawä dablamaö… (Hebreos 1:1-3)

Öjö tänö, Jesús a cuma:

> Jayä sho moli cä yajäcö, Jesús a cuma. (Juan 10:30)

Jesús Yai bada tä ijilubö a doblao.

Jilamodima 46

No Jamö A Walo Lä Cui

¡Omawä a jushuoma. A walo doblao lä dodijii a buji nomi! Omawänö, Adán a lä yacläa tamale no weinaja a yaclämaö buji doblaoma.

Omawänö Jesús a yaclämaö buji doblaoma, Yai bada bä ijilubönö omawä a lä cuu wei bä bluca tama ja cuno ja, walidiwä talewä bä jucäabä beji tä moli cuonomi.

Uliji bloque jamö, Yai bada tä no ujudibönö Jesús a bälama. Satanasnö Jesús a wabama. Cuarenta mididi bä ja mladamalönö, Jesús a iya nomi yalo, a ojio je balojoma.

> Satanás, Jesús ija a ja ucuicunö, a wa jama: Yai bada wa tä ijilubö ja, jei maa cä mabä da nosiyema, pan bä cublobä." (Mateo 4:1-3)

Jesús a ojio je balojoma macui, Omawä a lä cuu wei tä ta nomi. Yai bada tänö bä bluca tamaö lä buji wei bä shilo taö buji doblaoma. A noji bäyäo ja, Yai bada tä a oninö a noji bäyäoma.

> Jesús a cuma: "Yai bada tä a cuu: Pan bä waö tajiyao anö yanomamö bä demömi. Yai bada a wa lä jaö wei a wanö bä demö." Jesús a cuma.
> (Mateo 4:4 Deuteronomio 8:3)

Ya niya jayuo jeyadio, Omawä a buji jole ja cunö, a doblao lä dodijii a wabaö buji doblao showaoma.

> Satanasnö jeju ösöwä jamö Jesús a cai ja yamoicudunö a wabaö cooma. Mashita jamö bä uliji lä cublai bä bluca mömama... Bei wale a juwaö ja cajä ija ya bä jibäaö wä: A cuma. (Mateo 4:8-9)

Adánnö bä walidiwä lä tano wei täjä, yanomamö mashita a bada jamö bä bluca nowa cuwamiblaliyoma. Omawä a bada cublaliyoma. Jei täjä, Bada Bälöamö a waloquema, culenaja a je nia lä badiquiblaö wei ija a jidesheblao mö juu nomi.

> Jesús a wa jama – "Satanas a da blajalö. Yai bada tä a oni cuu, Yai bada tä bälöo lä dodijii a noji da yaiboje. Öjö a wa juwaö da tajiyaoje." (Mateo 4:10)

Omawänö, Jesús a tabi jei a showaquejälöma. Omawä ija, Jesus a lojoteoma. Adán cama nodiwa e bä je dole ja a cuoma.

> Mashita anö a jaba walo tablalema, no jamö a walo lä cui, jedu jamö a cuoma, a itolayoma. (1 Corintios 15:45)

Adán a jaba balimi doblao dodijiwä cuoma. Öjö täjä, no jamö Jesús a cuoma.

Omawänö Adán a wabaö täjä, a yacläa showamalema. Jesús a lii yacläö wabaö nomöjöo täjä, Jesúsnö Omawä a ganablalema.

A Jaba walo lä cuo no weinö, walidiwä tä jamö bämalecö bluca cai juma. No jamö a walo lä cuinö bämalecö jucäaö mö juma.

Jilamodima 47

Jucäalewä Bada Cä Tä Mesaia

Omawänö Jesús a wabaö ja waiconö, Jesús a lä badalayono wei, a lä ojodemonwei jamö, Nazaret tä uliji jamö a colayoma

> Ojodemobä mai tämö jaluu täjä, cocablou a yaji jamö a juma. A ublaoma, Yai bada tä a oni dowabä. (Lucas 4:16)

Yai bada e yaji jamö ojodemou mai tämö jalu ja, Yai bada tä a jiliimaje. Jesusnö ai tä a jedicäabä a waloquema.

Jesús, Yai Bada täa a wa doabä, a ubladaliyoma.

> Wawayälewä Isaias e tä a oni jibäquema. Tä a ja caloblalönö öjö tä a oni jamö jei tä a oni dalalema.
>
> Yai bada tä no ujudibönö wale yailema. Bä lä joli bä ija dodijidawä ya tä a wäyäbä, ocano ya bä cushäblabä, jubäbö ya bä mamo dodijidablabä, bäno lä bleaö wei ya bä no bleaö mladamaö mö juma. (Lucas 4:17-18)

Jesúsnö tä a lä dowano wei, Jucäalewä a niya lä waloo wei, cama a waja taoma, camanö Yai bada bä jöö a waja wäyäö mö juma. Omawänö bä bluca lä lulubou wei bä bluca jucäaö mö juma.

> Jesúsnö tä a oni ja cajucönö, oni nowamalewä ija tä a oni ja comacönö Jesús a loquema.
>
> Jesús ija bä bluca mamo yäoma. Jesús a wa jama: jei täjä, cajä wamacö ija, jei tä a oni lä cuu wei tä a wawäblou cule. Jesús a cuma. (Lucas 4:20-21)

¿Wedinaja cä ebä cuma. Camiyä bada tä Jucäalewä ca ya, jedu jamö ya cuoma, wawäyälewä bä lä cunowei öjö ya bä bluca taö mö juma. ¿A cuu täjä?

> Jei tä a ja jililäjenö, bä bluca jushudaliyoma. Jesús a nabä ja queicujenö, shabono a sibo jamö, jeju jeyaca jamö, a cai jumaje. Jeju a balöcö möwädäwä jamö, Jesús a niya ja quemadujenö a jilulajälömaje, Öjö macui, Jesús ija bä ja quililönö a jujeblalemaje. (Lucas 4:28-30)

Jesus Bada cätä dodijiwä. Cama ija, Adán nodiwa ebä bluca ujudiyoma. Jucäalewä, Yai bada bä ijilubö a yalo,[18] cama a dodoomai ja, a niya lä jubamouwei tä cuo nomi.

Culenaja cama yaminö täbä niya yai shomiamaö.

Jilamodima 48

Jecula Bä Ija, Jalili Bä Ija A Jelädolei

Wawäyälewä Isaiasnö tä a lä onimano wei, Isaias 53:1 tä a cuu. Jucäalewä Mesías, Yai bada tä boco lojote, awa nia cuoma. Jesúsnö bä bluca yaitawä lä täno wei anö, bita a bada jamö Yai bada tä boco lojote mömama.

> Jesús ija bluca jalili bä cai jumaje, bä juu dao lä mai cäbä, jubäbö cäbä. Bä acá lä bolebii cäbä sho. Jesus a cotä ja, bä ja blaquiyojenö, Jesúsnö bä bluca jalomama. (Mateo 15:30)

Wawäyälewä bäa lä jano wei tä bejedibloma.

> Bä lä jubäböo no wei, bä möö. Bä juu lä mai, bä juu. Tä bä sicö lä jodemaö wei bä jalou. Bä yömöcacö lä comi, bä a jilii. Nomawä bä jocädou. Joli cä bä ija dodijidawä tä a wayamou. (Mateo 11:5 Isaias 35:4-6, 61:1)

Jesúsnö jalili a jalomaö dao lä mai a cuonomi.

> Tä bä sicö lä jodemaö wei tä wayunö a lä jalilio no wei, Jesús ija bei cä majecocönö a ja jidesheblaicunö a wa jama: "Bada tä. Wa ojode ja, wale jalomaö dao."
>
> Jesúsnö a ja jubädalönö a wa jama, "ya ojode, a da jalolö." Jesús a cuma.
>
> Öjö täjä showawä, tä bä sicö lä jodemaö wei tä wayu mladou ja showalonö a jalolayoma. (Mateo 1:41-42)
>
> Tämö dödöjöblou täjä, bluca jalili bä cai jayolumaje. Bä bluca ija Jesús imöcö ja walionö, bä jalomama. Jecula bä yashublama, bä yashublaö täjä bä icali ja sinanamonö. Inaja bä cuma. "Yai bada tä ijilubö cäwa."
>
> Jesúsnö bä wasima, bä a cuyämama. Yai bada shimano wa e, bä cuu maobä, Jesús a no malä öjöböa no wejei. (Lucas 4:40-41)

Jesús, öjö bä ija a waja wäyämamou bujio nomi. Öjö jecula bänö a lojote damaje. Jedu jamö bä cuo showao täjä, bei cä awanö jedu misi, mashita bä bluca tablalema. Jedu jamö bä yashublaö täjä, bä quililibö blösöblömoma. Jei täjä a yanomamöblaliyoma. Bada Bälöamönö yanomamö bä niya jucäaö.

Jesús a lä ju no wei jamö, Omawä a nowa cuami blalema. Walidiwä bäma cui, bä bluca yashublama.

Bä yai tawä lä tano wei täjä, doblao tä a cai wäyäma.

> "Jei täjä tä bälöo lä dodijii, bada tä nia wawäblou. Walidiwä bä ja bä buji da lädalu. Dodijidawä tä a bejedi da bujije." Jesús a cuma. (Marcos 1:15)

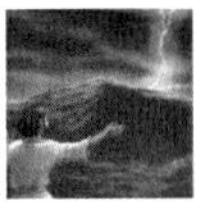

Jilamodima 49
Wadoli Ija, Modu Ubä Ija, A Je Lä Dolei

Jesúsnö doce bä yailema, cama ija bä yauobä. Cama a no öjöböamobä. Ai suwä bänö, doce bä lä yaileno wei, bä bluca bayeliblamaje.

A wano bejedi lä yubou wejei bä ija a cuma.

"Camiyä ija a da nocaicu." (Lucas 5:27)

Bä lä naca no wei e tä nowa blucao jebalojoma.

Jesucristo ya noji yaibou, "yanomamö bäma cuu wei, bä jöö, bä nöö, bä ijilubö, bä tää bä a juwaö noji yaibou balöoje ja, wale bejedi noji yaiboimije." (Mateo 10:37)

Jesús wa jilamolewä, ai yulimolewä e bä cuoma ja, Jesús modu Galilea u casi jamö a juwadalou täjä, cama ija, bluca bä walooma.

Öja Jesúsnö bä a jilaö coo täjä, bä lä yododoo wei, bä ja blucaonö, canawa a lä cabe ja, Jesús a ja dicäqueicönö, bä jilama. Jashölö jamö, e bä ublaoma. (Marcos 4:1)

Bä jilaö ja waiconö, Jesús a wa jama: "Bämäcö da bäcaduo." Bä lä yododoo no wei bä tabi ja jeicöjenö, Jesús a cai caläjälömaje.

Wadoli lojote a bada bädaliyoma, canawa jamö u bada ja shäyä shäyämanö, u moli olayoma, canawa a colo ja loo modima a jamö, Jesús a je ja maqueicunö a miyoma. Bä ja quilinö Jesús a lamalemaje, "¡Wa jilale! ¡Wa jilale ! ¡Bämäcö mishi duo cä cube!" E bä cuma.

Jesús a ja jocädalunö, a wadoli wasima. U bä shäyä shäyämou cai wasima. "¡Bä matasidawaidalu!" A Cuma.

Tä wadolimou ja mladalunö, bä bluca yanöcödaliyoma.

¿Wedi täjä wamacö noji jolio? ¿Wedi täjä wamacö buji jaducäbloimi showawä? Jesús a cuma.

Bä quili jebalojoma. Bä nowa tayou aiyoma. "¿Wedi cä a? ¡Cama ija wadoli, mau ubä sho bä ma lä waiquidou wei!" Bä cuma. (Marcos 4:37-41)

¿Jei wedi cä a? Bluca dodijiwä ijinama täjä, nobadabö Davidnö a wajano wäyäö waiquiyoma.

...Bä ja quilinö, Bada tä ija bä bayeliblamou bujima. Bä buji ja yanöcödamalönö tämö walidiwä mladamalema, wadoli a yanöcödoma, modu uba cai bada shäyä shäyämou cuyämalema. (Salmos 107:27-29)

¿Bei cä a wanö, wedinö wadoli, mau ubä yanöcödamaö dao?

Bei cä a wanö bä bluca lä tablalenoweinö.

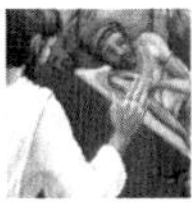

Jilamodima 50

Walidiwä Talewä Bä Lä Jalomano Wei Tä A

Jesús ijamö cuatro bänö a lä shicobii a beji cai yäböboimamaje. Bä bluca yododoo bä jamö a cai waloquemaje, culenaja tä jishiquio jebalojoma. Yaji a jeyaca jamö bä ja duicunö, bei jena bä ja cushäblajenö, Jesús a mötalö jamö, a beji cai itomalemaje,

> Jesusnö bä buji jaducäwä ja dalalönö, a lä shicobö wei ija a wa jama: "Uwasi. Walidiwä wa bä lä tano wei, ya bä mladamalema." (Marcos 2:5)

Jesusnö tä dama, a nia lä juu coo wei tä beji a walooma macui, cama walidiwä ebä ija a jucäamo bä, tä yai nowa cuo jebalojooma.

> Jilalewä bä loo lä naleo wei bä buji daeyoma. ¡Wedi täja Yai bada tä waja jilou! ¡Yai bada yaminö walidiwä bä mladamaö dao, ainö mai! Bä buji cuu jatoma.
>
> Bä buji lä cuu wei Jesusnö tä dama yalo, A wa jama. "Wamacö bejedi, Yai bada yami a cuu dao, 'Walidiwä wa bä lä tano wei ya bä mladamaö, inaja showawä Yai bada yami a cuu dao, 'wa ja jocädalunö, a da cobojälö.' Culenaja, Yanomamö nodiwa cä yanö walidiwä ya bä mladamaö dao, wamatä dabä,"
>
> A lä shicobö wei ija Jesús a wa jaö biyäoma. "¡Wa ja jocädalönö, wa lä blao wei a cąi da cobojälö!"
>
> ... A lä shicobö wei aja jocädalunö, a lä blaono wei a ja yaluculänö, a cai colayoma.
>
> Bä bluca buji möaama, Yai bada tä doblao jimamaje. "¡Jeinaja, yama a dablaö balöo nomi!" Bä cuma. (Marcos 2:6-12)

Jilalewä bä doblao jimöo anö bä jubäbööma. Bä nowa tao aiyoma: ¡Yai tä wa ja jole jilou anö, Yai bada wa tä no waiblaö, Yai bada yaminö walidiwä bä mladamaö dao!

Yai bada yaminö walidiwä bä mladamaö, tä bejedi, culenaja, Jesus a no öjöbö a nomi quidowäje.

¿Jesus wa daö lä cä? ¿Jesus wa cuu ja, wedinaja wa cuu cule? Yai bada Jucäalewä wa cuu.

Ai a shabono jamö Jesusnö bä jilaö täjä öjamö yanomamö bä blucanö a no öjöböamaje.

> "Camiyä yamacönö Jesús yama a wa jililema. Cristo cä a, yamatä daö. Yanomamö jucäalewä cä a. bä cuma." (Juan 4:42)

Jilamodima 51

Nomaö Tä Ija A Je Lä Dolei

Jesus bä bluca lä cule bä ija a je dolewä dodijiwä, culenaja a ja juwadalonö, "Camiyä Yai bada cä ya tä, wale doblao da jimaje." A cunomi. Yai bada tänö bä tamaö lä buji wei bä shilo taö bädaoma.

¿Jesus, wedi cä a? ¿Wedi naja cajä wa buji cuu?

> Jesus cama wa jilamolewä bä sho, ai bä bluca sho, Nain a shabono jamö bä julayoma, bä ajedou täjä, yaji telimö bänö nomawä a cai jaa mö balayoma. Suwä wajadi, e ilijilu moli mashi cuwamai, e nomawä cuoma, yaji telimö bä blucanö öjö a suwä noji tabomaje.
>
> Jesusnö a suwä no bleyaö dalalema, a noji ja ojodalönö cama ija awa jama, "a öcö dijä." a nowa tama.
>
> Jesusnö, nomawä a bejicai jubama, ... nomawä ija awa Jesus jama: "¡Bushe cajä ija yawa jaö. A da jocädalu!"
>
> Öjö täjä a demö ja jocädonö, awa wayoma, bä nöö ija a juya comaquema. Bä mamo lä yäo no wei bänö, Yai bada tä waja doblao tamaje. (LUCAS 7:11-16)

Jesusnö, Marta, Maria cäcöbö buji aji je waloma, bä aiwäbö Lazaro a nomalayoma. Cuatro möjalu bä jayuo waiquioma.

> Jesus ija, Marta awa jama: "Bada tä, jäyäja wa cuoma ja cunoja, aiwä a nomaö mao nowa cubi."
>
> Jesus awa jama: "Demö jocädamalewä cä ya, bä lä nomablou wei ya bä demö jocädamaö, wale bejedi bujii jeja, bä nomaö shi walii maicätä. ¿Jei wa bä bejediablaö?"
>
> Awei, Bada tä, Cristo cä wa, Yai bada bä ijilubö a nia waloo waja lä wäyäno wei cä wa," a Marta cuma ...
>
> Nomawä a lä didile jamö, ... maa manö maca cajuoma. Jesus awa jama, "maa ma da blajamalöje." a cuma.
>
> Jesus ija, nomawä bä yaö, Marta awa jama: "Bada tä, a li jitali waiquiwä, yädu jamö a nomalayoma."
>
> Jesus awa jaö cooma. Wale a no bejedi yubou ja, Yai bada wa tä doblao dablaö wä. Öjö täjä, maa ma casimalemaje. Jesus a wa icali jama, "¡Lazaro, a da jaliyo!" A nomawä ja jocädalunö, a jalayoma. Wadoda sicönö a yayocoma. Jesusnö bä nosiyemama. "Wama a ja cushäblalönö, a cai da cobojälöje." (Juan 11:21-25,38-41,43-44)

Bada tä Jesucristo yami inaja a cuu dao,

> "Demö jocädamalewä, balimiblamalewä cäya."

Bä bluca lä tano wei anö, cama a bejedi dablou.

Jilamodima 52

Dobälewä Cä A

Bluca dodijiwä Jesús ija täbä nocaoma, ai tämö jaluja, uliji bloque jamö bä juu täjä, täbä bluca lä nocao no wei bä ojioma.

Tämö ja wäyalönö, modu Galilea ai u mashi jamö, bluca dodijiwä bä yododooma. Öjö täjä, Jesúsnö cama wa jilamolewä Felipe, a walima,

"¿Wedija pan bämabä luluabä, bämabä iyamabä?" A wabaö ja a walima, tä nia lä taö wei a daö waiquiyoma.

Felipe awa jama, "plata beje usucublou maicätä."

Öjö täjä Simón Pedro bä joshe, Andrés a wa jama; "jei ocodomanö cinco pan bä tabou, bolacabi yuli cäcö sho. ¿Macui, tä je usucublou maicätä?" A cuma.

Jesús awa jama, "jei bä bluca da lowamaö buji je." Bä bluca lowashomaquema, walo yami bä owämaö bädao ja, bluca, jawä cinco mil bä cuoma.

Jesúsnö pan bä ja yulänö, Yai bada tä shiöjöde jimama, inaja showawä, yuli cäcö ja yulänö, Yai bada tä shiöjöde jimaö cooma, bä dobäma. Bä bluca bädölayoma.

Bä bluca ja badälönö, wa jilamolewä bä ija Jesús awa jama, "nii bä shee da coleje, bä walio maobä." A cuma.

¡Bä lä iyano wei bälä cuinö, bä nii shee lä damanowejei, bäja colejenö, wöö doce bä omalemaje! (Juan 6:5-13)

Jenaja täjä, bluca bänö Jesús a daemaje, bada a tablamabeje, Roma teli bä ija bä nobleamamou mladamabä, showadi bä cai iyamabä, a bada tablaö ojodaomaje. Culenaja, cama bä ija Jesús a wa jama.

"Nii cäcö lä mladou wei bä beji, bä buji jolijo dijejä, Camiyä yanomamö nodiwa yanö,[19] balimiblamamodima yacö nii lä jibäaö wei, cäcö noji shilo da yaiboje, inaja Jayä Yai bada tänö wale nosiyemaö." Jesús a cuma.

"Balimiblamamodima pan cäya, Camiyä ija bä lä nocao wei bä ojii maicätä. Camiyä wale a bejedi lä bujii wejei bä amishii codaaö maicätä." Jesús a cuma. (Juan 6:27,35)

Nii wa waö anö owä owä wa demö cuo dao, culenaja, Bada tä Jesucristonö balimi tä yai jibäaö.

"Balimiblamamodima pan cä ya." Jesus yami a cuu dao.

Jilamodima 53
Wa Jilalewä

Jilalewä bä lä cuwaa nowei naja Jesús a cuwaa nomi. ¡Jei bä da taje! ¡Quiji bä ta dijejä! ¡Jei cä yoca yai! Bä cuma. Macui Jesús inaja a shilo cuu dao tajiyaoma.

"Camiyä bei cä ya yoca, bejedi cä ya, balimiblamalewä cä ya." (Juan 14:6)

Wawäyälewä bänö, cama bä walidwä beji, yalo bä ishimamaje. Öjö bänö Jucäalewä a nia lä waloo wei tä a cai onimamaje. Culenaja Jesús a wa jama:

> Bä buji daeyo walidaya dijä, Moisés ya e tä a joyaö mö junomi. Yai bada tä ano wäyälewä ya e tä a mladamaö mö junomi. Öjö ya bä bejediblabä ya juma. (Mateo 5:17)

Jesúsnö cama wa jilamolewä bä jilama, jedu je dole jamö, Yai bada tä doblao lä bälöladi, a noji owämabeje.

> "Bä lä cuu weinaja wama tä daö: 'Aijä a da nojima, äjä wano nabä bä noji da walibo, culenaja, Camiyä ya cuu: ¡Wano nabä bä da nojima! Yai bada tä ija bä bayeliblamaö da bujije.'
>
> "Yai bada tä ija wamacö a jaö ja, jolemolewä bä lä cuwaaö weinaja bä cuwaa dijä. Bluca bä cuo bä ja, bä a nacli jaö ... Culenaja cajä wa nacou ja, a da yamiblalu ... öjö täjä äjä bada tä a da wayoma. Inaja bä da cuu: Jabe, jedu je dole jamö wa lä culadi, wa waja doblao, jedu jamö wa lä bälöaö weinaja, jäyämö a bälöa da dodijiquiyo, nii bä ja wamalecö da dobä ... Bä da cuu."
>
> "Bä buji jolijo dijejä, ¿Wedi yama tä wabä? ¿Wedi yama tä cowalebä? ¿Wedi jamö sicö ja yamacö didiyobä? Inaja walidiwä talewä bä buji shilo cuu. Yai bada tä noji yai da yaibouje, bä tamaö lä bujii wei bä da taje. Camanö wamacö jawäö täjä, wamacö bluca dobäöwä."
>
> "Bä da moyaweicu, Yai bada tä a jolemoshi wäyälewä bä lä cui, jawä jiima waiteli bä lä culenaja bä cuwä."
>
> "Wale a lä jiliiaö weinö, wale a juwaö ja, jawä walo buji moyawe a lä culenaja a cuwä. Maa cä ma jeyaca jamö, cama yaji a taquema. Öjö täjä maa a ja quelunö, mau ubä ja oquimonö, tä cai wadolimoma. Culenaja a yaji wäcänomi, maa cä masi ja a yaji lojotooma yalo."
>
> Wale a lä jilii weinö, wale a juwaimija, jawä walo buji mojodi a cuwä, mlacataju a jamö cama yaji e taquema. Öjö täjä maa a jä quelunö, mau ubä ja oquimonö, tä cai ja wadolimonö, a yaji bada wäcälayoma."
> (Mateo 5:43-44, 6:5-6, 9-11,31-33; 7:15,24-27)

Jedu jamö jilalewä a lä cuno weinaja ai tä cuonomi.

Jilamodima 54

Bada Tä

Judio, sacerdote bä sho, bä buji doblao nomi, bluca bä ija Jesus awa jilimaö bujio nomije. ¡Cama bä lä cuu wei tä tamaö buji bädao maje!

Bada sacerdote bänö policia bä shimölemaje. Jesus a juwäamaö bujimaje, culenaja a juwäa nomije. Sacerdote bänö bä walimaje. "¿Wedi jamö cä a?" bä cuma. Policia bä a jama:

"Jesus a wa lä jaö weinaja, ai bä a jaö daonomi. bä cuma." (Juan 7:46)

Wawäyälewä bä a jaö dao lä mao no weinaja, Jesus a wa jama. Wawäyälewä, jawä ayawa coshi wacä wai shii blajaö dao lä mainaja, bä cuoma. Culenaja, Jucäalewä, "jawä motoca shii bada jilajawä lä culenaja a cuwä." (Malaquias 4:2) Motoca shii cuo täjä, ayawa coshi wacä shii bujimoimi.

Jesus a cuma:

"Camiyä, shii jilajawä cä ya. Camiyä ija bä lä nocao wei, mididi jamö bä mojolu maicätä. Shii jilajawä jamö bä ja cadidonö, bä balimiblou wä." (Juan 8:12)

Jaba täjä, shii da jiwadublalu a ja cunö, shi jilajablaliyoma. Cama a lä cui shii jilajawä cä a.

Ai täjä, Jesusnö cama wajilamolewä 3 bä lululema. Pedro, Santiago, Juan. Jeju dilewä jamö bä cai juma.

Öjamö, Jesus a shuducajeblaliyoma. Jawä motoca shii jilajawä mojecö shii jiljabloma. Didiodima e sicö shii jilajabloma, shuducaje dodijiwä.

Öjö täjä, wawäyälewä Moises, Elias cäcöbö bädaliyoma, Jesus a wa wayomaböma. Öjö täjä ijilashinö be je yojowama. Ijilashi a jamö a wa bädoma.

¡Jei ijiluyä ya nojimaö, cama ija ya buij doblao jebalojowä. Cama a wa da jilije!

Wa jilamolewä bänö a waja jililejenö, bei cä mojecö jamö, bä quilii yäläquema. Jesus a ja ucuonö, bä ja jubanö, Jesus a wa jama, "Bä da jocädalu, bä quili dijä."

Bä mamo ja juwablalonö, ai bä dablanomije Jesus yami a dablaö tajiyaomaje. (Mateo 17:1-3, 5-8)

Bä bluca lä jayuo no wei, wa jilmolewä bänö tä noji mlablanomije, Pedronö öjö tä a tama: "Bei yamacö mamonö yama doblao möö cubälei." (2Pedro 1:16) Juannö tä a cai onimama: "Yama a doblao dalalema. Yai bada bä ijilubö cä a. A shilo bejedimou." (Juan 1:14)

Culenaja, a lä yanomamö blaliyonowei tä ija e tä jitäoma. Jei täjä camanö bä nia lä waicaö wei, tämö jalu ajedoma.

Jilamodima 55

Cama Que Tä Ojode

Tres ijinama Jesus a juwadaloma. "Jesúsnö bluca bä jalomama. Jecula bada bänö bä shi lä walimano wei bä bluca jalomama." (Hechos 10:38) Cuwabäa bänö a bujiimaje, culenaja Jerusalenteli bada bänö a shäblaö ojodeomaje. Jesusnö tä cai daö waiquiyoma.

> Jedu jamö Jesús a nia colayou jaöo yalo, Jesús a buji ja yaimonö, Jerusalén jamö Jesús a juu buji doblaoma. (Lucas 9:51)

¿Ya lä juimadi jamö wale niya juwäaöje, wale niya wayuyamaöje, wale niya shäblaöje, wa tä daö jä, wa niya juu jeyadiyo läcä?

Inaja Jesus a cuwaama.

> Jesucristonö wa jilamolewä bä a jilama. "Jerusalén jamö, bada tä bä, Sacerdote bada bä, judío jilalewä bä sho, wale no bleaamaö weje. Wale shäblaöweje. Culenaja, tres möjalu täjä, ya demö jocädou coo wä." (Mateo 16:21)

Jeinaja wajilamolewä bänö tä daenomije. ¿Bämacö Jucäalewä a yauwamabeje tawä? ¡Bejedi, inaja Yai bada tänö cama Shimano a mada tamaö tawä! Öjö cudenö, Pedro a cuma.

> "Bada tä. ¡Cajä ija jei bä bejediblou maicätä!"
>
> Jesús a mö yabablaliyoma, Pedro ija a wa jama: "¡Satanás. A da blajalö! Wale yabäcaö. Yai bada tä buji dao lä culenaja, wa buji daomi. Yanomamö bä buji lä cuu weinaja, wa buji cuu dicowä." (Mateo 16:22-23)

Jucäalewä jei täjä showawä a bujimaje, Roma teli bä waicabä. Jerusalen jamö a bada loo waiquiyobä. Öjö cudeenö, bä jujälö täjä, bä niya bada lä loo naleowei tä beji bä a tayoma. Cama bä ija Jesus awa jama.

> "Bada a cuo lä bujio wei, cajä wamacö ija, nosiyemano a cuo bä. Yanomamö nodiwa ya bayeliblamobä ya ju nomi… Yanomamö ya bä jucäabä ya nomabä ya cobema." (Mateo 20: 26, 28)

A jaba lä waloquenowei, Jucäalewä a niya ja bada loonö a walo nomi. Omawä ija yanomamö bämalecö jucäabä a waloquema. Cajä bämacö balöcö jamö a bada loobä. Öjö lä cudeenö, Jesusnö bä jilama.

> "Cajä wamacö ija, Yai bada tä bälöo dodijiwä." (Lucas 17:21)

Culenaja, jedu jamö a bada lä loladi, jei a bita jamö a bada loo jaöo mao täjä, jödödöwä walidiwä bä niya maldamaö balöo. Nomaö tä niya cai mladamaö.

¡Jei cama que tä ojode cuo dodijiyoma!

Jilamodima 56
Jerusalem Jamö Bada a Waloquema

Jerusalen jamö a ajedou waiquiyoma. Öjö täjä cama wa jilamolewä bolacabi cäcöbö shimölema.

> "Quiji shabono jamö cäcöbö da jaludu, burro wajä a ocaa dablaöwä… Wajä a ja cushälänö, jäyämö a cai da jabo. '¿Wedi tä ja wa taböcö cushäaö?' ai a cuu ja, 'Bada tänö a majöbobä,'" cäcöbö da cuu"
>
> Shimano cäcöbö ja junö, Jesús a wa wawäbloma. Burro ocalo a taböcö cushaö däjä bätäli bä a jama, "¿Wedi tä ja wajä a taböcö cushäaö?" Bä cuma.
>
> "Bada tänö a majöbobä." Cäcöbö cuma. Jesús ija a cai ja jubönö, didiodima si bä ja maquemacönö, Jesús a dicäamaböma.
>
> A dicäojälöö däjä, bei cä yo jamö bluca bänö didiodima si bä blaquemaje. Olivos jeju jamö yo lä dimöle jamö, Yai bada tä waja doblao tamaje, Yai bada tä mayo bluca dablamaje yalo, A waja doblao tamaje. Bä a jama, "¡Yai bada tä bälöo lä dodijiinö a lä shimaö wei a doblao! ¡Jedu jedole jamö a uliji yanöcöwä dodijiwä! ¡Yai bada tä doblao dodijiwä!" Bä cuma.
>
> Fariseo[20] bä lä niqueleo no wei, Jesús ija bä a jama. "¡Wa jilale! ¡Jei bäda wasi, inaja bä cuu maobä!" Bä cuma.
>
> Jesús a wa jama, "¡Wamalee a da jili! ¡Jei bä a jaimi ja, maa cä ma bä a icali jaöwä!" (Lucas 19:30-40)

¡Bada tä shomio dodijiyoma!

Jucäalewä bada tä lä cui a ishobä a waitelimobä, caballo a bada jamö, shabono a jamö a dicäo cai janomi.

Burro, ocalo, ai bä dicäo dao balöo lä maono wei a wai ja, a buji aji cai dicäoma. Ocalo bä ma icali ma jucäo wei, e jucäonomi. Öjö burronö wa wäwäyälewä Zacariasnö, 500 ijinama yädujamö a lä onima nowei, tä bejediblalema. Inaja Zacariasnö täa onimama.

> "¡Jerusalen teliyomabä, bä a icali nacli da shidoaa!, jei täjä camiyä bämacö ija bada tä bälöa dodijiquema, doblao dodijiwä. Burro ocalo a ja a dicäa." (Zacarias 9:9)

¿Wedi täjä jucäalewä bada tä ishobä, lojote dodijiwä, a dicäo cai janomi? Roma teli bä ija cama teli bä jucäabä a walonomi.

Walidiwä bä ija, bämalecö jucäabä a yai waloquema.

Jilamodima 57

Bada Tä Waliije

Öjö täjä Jesusnö cocablou a yaji jamö bä bluca wa jilima. A ijiluo täjä, a wa jaö ja moyaweanö, bada bä buji ma möblamanowei, culenaja, jei täjä a wa jilii je täjä, ebä jushuooma.

"¡Öjö ija yamacö bada tämou moji! Bä cuma." (Lucas 19:14)

A noji walibomaje, yanomamö bä blucanö a cai waibeje, bä buji ja cunö, Jesus a walimaje.

Ai bä shimaö jatomaje, jawä noji bä cuama, Jesus a wa lulubobeje. Jesus awa jaö walidiwä bädaoma ja, Roma teli bada ija Jesus a ocablamaö bujibä.

"Wa jilale. Yamatä daö, wa wa cadidou. Ai wa bä noji ja yaibonö, ai wa bä noji walibou maicätä. Yai bada wa tä a wäyäö cadidou. ¿Roma bada tänö plata bä lä nacaö wei yamabä jibäabä tawä, yama bä jibäadijä?" (Lucas 20:20-22)

¿Wedinaja Jesus ca cubä? Bada tä ija cama ebä da comacö a cuma ja cunoja, Judio bada bänö a moli walidiwä jimamaje. Ma, plata bä jibäamou daomi, a cuma ja cunoja. Yamalecö no waiblaö, Roma teli bada bä ja cunö a moli juwäamaje.

Bä nomojoli no ja öjöbölänö, Jesus awa jama. "Plata a jilblao. Ya da mö. ¿Jei wedi que noleshi cuwa cule?"

"Cesar," bä cuma.

"Joo, Cesar ija cama ebä da comacöje, Yai bada tä ija cama ebä da comacöje."

Bluca bä yododoobä jamö Jesus awa jolemou jimaö daonomije. Bä buji ja möanö mamicai bä cuoma. (Lucas 20:23-26)

Yai bada tä a jilalewä bä a jolemou lä jilou wei bänö, Jesus a juwäaö buji doblao showaomaje. Culenaja awa shilo jaö moyaweo dodijiyoma.

Öjö täjä, A wa juo moyawe jebalojowä yalo, Jesus a walii quilimaje. (Mateo 22:46)

Bada bä ija bä a wäoma. Bä buji ja jubäböonö, Jesucristo ano öjöböa nomije. Yalo bä ja shäblajenö bä lä ishimano wejei, öjö Jesus a no owä cuoma macui, öjö no owä tä noji shilo yaibou bädaomaje, Jucäalewä ano öjöböa nomije.

Yai bada tänö tä nia lä taö wei, tä nia wawäbloma.

Jilamodima 58
Bada Tä Juwälemaje

Oveja a wai nia dodoano waö je täjä, Fiesta Pascua[16] tä a lä jilabo nowejei, Jenaja bluca dodijiwä oveja bä nia shäöje täjä.

Jenaja, wale niya cai shäblaöje, Jesusnö tä ma dano wei, cama e bä sho, jödödö a iyaö ojodeoma. Lamano ji ja dälänö, Bä Jöö a shiöjöde ja jimanö, ji ja cacablalönö, ji jibäquema. "Bei, jei bei cä ya yaji no owä, ji da walije." Jimo jimo ubä cai cowamalema. "Walidiwä ya bä niya lä mladamaö wei ya iyä bä niya lä joyao wei, tä no owä. Jei tä noji mlabladijejä."

Mididi suble täjä, Getsemani a jicali jamö, Camanö cama e bä lululejälöma. Walidiwä jebalojowä tä lä läle tä ja danö, bä Jöö ija a buji joliblou cai laamoma.

Awa jaö showao täjä, a nia ja juwä a jenö, bada tä bänö bluca wayu bä cai waloquemaje.

> Jesús a wa jama, "¿Wayu lä ya, wedi tä ja sibala, nabushi bänö wamale nabä juu? Yai bada e yaji jamö ya bä a jilaö wawädooma. Wamalee nabä malä queo mao bälei. Culenaja, inaja bäo, Yai bada tä ano wäyälewä tä oni bluca bejedi wawäblobä inja cä wamacö cuwaö."
>
> Öjö däjä cama wa jilamolewä e bä blucanö Jesús a ja dacöjälöjenö, bä lulayoma. (Mateo 26:55, 56)

Jesus a ocablamolayoma. Sacerdote bada e yaji jamö a lululejölömaje. Judeateli bada bä yododaö cai läo waiquiyoma. Jesus a beji, bluca bä nasimoma.

> Sacerdote bada a ja ublaicönö, a mö talöbloma. Jesús ija a wa jama. "¿Wa wa juomi lä cä? Jei cä bänö wa waja malä taö wejei." Culenaja, Jesus a wa juonomi. Jesús ija sacerdote bada a wa jaö cooma. "¿Cristo lä wa? ¿Yai bada tä lä doblao wei bä ijilubö la wa?" A cuma.
>
> "Awei. Öjö lä ya. Obi cajä wamacönö Yanomamö Nodiwa, Yai bada, dimö tä mashi jamö, wamalee dicäo möö wä. Ijilashi bä sho, ya itou täjä, wamalee möö wä."
>
> Sacerdote badanö, cama didiyodima e si bä ja cacanö, a wa jama ... "Wama a wa jililema. Yai bada tä waja jilo, Yai bada tä no waiblaö. ¿Wedinajacä wamacö cuu?"
>
> Jesús a wailemaje. A wali shäblamaö da buji. Bä cuma.
>
> Jesús a cläshamaje. Bei mamo bä ja besimajenö, Jesús a dijequimamaje, bä a jama: "¿Wedinö wa dijequimama? ¡A wa da cadido!" Policía bänö Jesús a cai shämaje. (Marcos 14:56, 60 – 65)

Judea bada bänö a shäblamaö bujimaje, culenaja cama bänö, shäblabä beji tä tabonomije. Roma teli yami bänö yanomamö bä shäblabä tä tabomaje.

Jilamodima 59
Bada Tä Waimoma

Tä mö jaba jalu jälöö täjä, Judío bada tä bä cocabloma. Sacerdote bä sho, Judío jilano tä a jilalewä bä sho. Gobernador Roma teli Poncio Pilato e yaji jamö acai jumaje.

Bada bänö Pilato ija Jesus a shäblamaö bujimaje.

Pilato ija, Jesus a walidiwä waja tamaje: "Jei yama a jolemou dalalema. Camiyä teli bä mölamaö. Roma teli bada tä ija, plata bä jibäö wasii. Bada tä Cristo bälöo lä dodijii a waja jilou."

(A Jesus walii ja jaquiyonö) Sacerdote bada bä ija, bä lä yododoo wei bä ija cai, Pilato a wa jama, "¡Jeinö walidiwä a ta nomi!" (Lucas 23:2,4)

"Walidiwä a taö mao ja cunoja, cäjä ija yama a bälaö mao jabi." Bä icali cuma.

Yaji jushomi jamö Pilato a jaa ja colönö, Jesus a ja nacalänö, a wa jama. "¿Judio bada lä wa tä? ¿Wedi wä tä walidiwä tama?"

Jesús a wa jama: "Camiyä shomi jamö bälöamö cä ya. Jäyäjä bada ya cuo ja cunoja, Judio bänö wale ocaö maobeje, iba bä ma isho. Shomi jamö bälöamö cä ya."

"¡Bada lä wa dodijiwä!" Pilato a cuma.

Jesús a wa jama, "Wa wa cadidou. Ya bälöo dodijiobä, wale queblalema. Yanomamö wamacö ija bejedi ya tä a wäyäbä. Bejedi a wa jilii lä ojode wejei bänö, wale a juwaöje."

"¿Wedi cä tä bejedi?" A Pilato cuma.

Pilato judío bä ijamö a jaa ja colönö, a wa jama, "jeinö walidiwä a ta nomi." (Juan 18:30,33,35-38)

Bä a icali jama.

"¡A wali da yaumacö!" Bä cuma.

Cama bä ija a wa jaö cooma. "¿Wedi tä ja? ¿Wedi cätä walidiwä tama? A nomabä tä cuwami. Ya ja yowamalalönö ya nia cushäblaö." Pilato a cuma.

Bä a nacli jaö dölao dico nomi. Bei bä a icali ja janö, Jesús a yauwamaö buji je blacäjomaje. (Lucas 23:21-23)

Pilatonö, Jesúsnö walidiwä a ta nomi, tä dama. Culenaja Judío bada bä ija a ja quilinö, a Jesús shäblamaö bujima.

Jilamodima 60
Bada Tä Jeja Mösöcö Ecö Yojoquemaje

Pilatonö Jesus a lä yauwamanowei, no quilijiwä, walidiwä jebalojowä tä cuoma. Yowamodima, balimi tä bä namo yaumabomaje, yaji bä waliyaö dodijiyomaje.

Yädu jamö jawa sieteciento ijinama täjä. Wawäyälewä Isaiasnö tä a onimama:

> "Wale lä shäno wejei bä ija, bei cä ya yaibä dodooma, wale caweucö lä ucano wejei bä ija, bei cä ya mojecö dodooma. Wale cläshamaje, culenaja bei cä ya mojecö jitäo nomi." (Iasaias 50:6)

A ja yowalalöjenö, inaja a tamamaje.

> Gobernador soldado bänö bada e yaji jamö, Jesús a cai jumaje. Cama bä ja nacayonö bä bluca yododoma.
>
> A ja shiloblalöjenö, wacä ushujuwä sicönö, a didiquemaje.
>
> Mösöcö todo ja modoleblalöjenö, todo yojoquemaje. Dimö imöcö ja sheleca waloco a ja yumacöjenö, bei bä majecocönö bä ja jidesheblaiquiyonö Jesus ija bä a no wayublaloma. Judio bada cä watä, bä cuma. Sheleca a ja colejenö, bei que je shäbemaje. (Mateo 27:27-30)

Mösöcö ecö lä yojowa icaliqueno wejei, tä no öjöbäa nomije. Adánnö a walidiwä lä ta no wei tänö, jei a bita mösöcöböblou jebalojolayoma. Cajä bämacö beji, jödödöwä walidiwä, mösöcö bä macui, bä yulema.

> Cama ija bä a no wayublalou ja jaiquiyonö, wacä ushujuwä sicö ja coläjenö, cama didiodima sibänö Jesús a didiyamaö comaje. (Mateo 27:31)

Jesús ija, bolacabi tomoshiwä cäcöbö cai dälejälömaje. Cama bä nia lä yauo wei, jii jibä yalucubojölömaje.

Bä bäöshocöblo dayou täjä, soldadonö ai walo a nosiyemama. Jesús a nia lä yauo wei, e ji däbo jälöbä. Jerusalén tä sibo jamö, jeju Golgota a jamö bä yamoque dayoma. Moría a wa ja jeju cuoma, öjamö Yai bada tänö Abraham a wabama. Öjö cäcö jeju jamö a cuo täjä a Abraham cuma,

> "Bushe, yablaö beji, cama Yai bada tänö oveja ocalo a jibäaö wä." (Genesis 22:8)

A wa jano nomaö lä wäyäno wei, jei täjä bä bluca bejediblou.

Jilamodima 61

Bada Tä Yaumaquemaje

Tä bä lä yauwama no wejei, täno quilijiyo jebalojooma. Roma teli bänö bä no waibalöjeja, bä ja jayublajenö, jii ji jamö shiloshilo bei bä imöcö jamö, bei bä mamicö jamö, bä basuwamaje.

> Üjö a jeju ja... Jesús, walidiwä´talewä cäcöbö sho a yaumaquemaje. Jesus dimö mashi jamö ai. Jai a mashi jamö ai. Jesús a wa jama: "Jabe," jei bä mojodi. Tä lä taö wejei tä daimije. Wale nowa tabo dijä."
>
> ...Bluca bä mamo yäoma. Jesús ija bada tä bä a no wayuama. Inaja bä cuma: "Ai bä ja bayeliblanö, bä noma nomi. Yai bada tänö a jola nía lä shimano wei, öjö a cuo ja cunoja, a no jucäobö wei... (Lucas 23:33,35)

Jesús cama a jucäo aiyoma jacuno ja, bämalecö moli jucäa nomi. Yanomamö bänö tä da nomije, wawäyälewä Davidnö a wa jano lä wäyäno wei tä a bejedibloma.

> "...Bei wale imöbä, bei wale mamibä cai basuquemaje, bei wale ubä wawämalalemaje. Bluca bänö wale nowaiblaöje. Iba wadoda sibä shelelaö je. Iba comi comi sicö däabeje bä wabayou. ¡Yai bada bä ijilubö a jola noji cuwi, cama Yai badanö a itomaöwä!" Bä cuma. (Salmos 22:16-18)

Yai badanö tä niya lä tano wei e bä bejediblaliyoma.

Öjö a jeju lä cui,[11] Abrahamnö "Yai bada tänö a jibäaö wä, a waja jilaquema..." (Génesis 22:8,14) Yai bada tänö cama e yai nia lä jibäa no wei, tä bejediblaliyoma. Jesús a jibäquema.

Abraham bä ijilubö a beji, Yai bada tänö chivo a lä läblamale no weinaja, cajä bämacö beji, cama bä ijilubö a nowama nomi. Camiyä bämacö beji, bä ijilubö a läblamalema. Jei anö Yai bada tänö bamalecö nojimaö je balojowä wawäö. (Romanos 8:32)

> Yai bada tänö yanomamö wamacö bluca nojimaö je ja balojoonö, bä ijilubö ya e ma majui, wale shimölema. Bä ijilubö wale bejedi lä buji wejei bä no bleaaö shi walii maobä, bä balimiblobä. (Juan 3:16)
>
> Nobadabö bä no lä bleaano weinaja, wamacö no bleaaö maobä, jucäano cä wamacö. Oro, plata bänö mai, Cristo iyä bä no lä blucainö wamacö jucäama. Yai bada cordero, cadejewä, walidiwä cuwami, a ja läblalunö bämalecä jucälema. (1 Pedro1:18-19)

Yai bada tä ija, bämacö nowa bluca je balojowä, tä jimaö.

JILAMODIMA 62
BADA TÄ JUCÄALEWÄ

Yai bada tänö bä nia lä jucäano wei täja, Jesusnö, cajä bamacö walidiwänö a no bleaaö je balojoma. Cajä bamacö no bleaaö beji cama, a läblaliyoma.

Adannö Yai bada tä a lä joyale no wei täjä, Yai bada tä a jama. Jucäalewänö cäcö je badiquiblaö wä. Omawä ija a cai cuma.

> "¡Camanö wa je badiquiblaö wä, cajänö wa mamicö duyäöwä!" (Génesis 3:15)

Jei yädu jamö, Omawänö bei cä mamicö nia lä niniama no wei, tä a wawäblaliyoma. Jucäalewä a ja yaumacöjenö "cajä bämacö walidiwä bä beji a diwäjamoma." (Isaias 53:5)

A Jesús lä yaumaque no wejei, Yai bada tänö bä nia lä taö wei bä danomije.

> Bä buji daoma ja cunoja. Bada Bälöamö, a yauwamabou mao nowa cujebi. Cristo a yauono waja jilibojenö, shobali wacä jamö bä lä juu wei bänö tä a noji mojodi jimaöje. Jucäano bamacö ija, öjö tä anö Yai bada tä moyawe jimaö. (1Corintios 2:8;1:18)

Tomishiwä cäcöbö yauo baja, Jesus a yauo mödalöoma.

Ai tomöshiwä a wa jama: "¡Cristo wa ja, a da itolö! ¡Wajälecö cai da itolö, bämacö nomaö maobä!"

> Ai a lä yauo naleono weinö, a wasima. "¿Yai bada wa tä no quili taimi lä cä? Waino cäwa. Walidiwä bäjä bä lä tano wei tä nowa ja, bäjäcö waimoma. Jeinö walidiwä a ta nomi." Öjö täjä Jesus ija a cuma. "Jesús wa bälöa dodijiquei täjä wale noji da jaducälä."
>
> Cama ija Jesús a wa jama, "Wale a da jili. Jei tä mö jaluu showawä ja tä doblaobä jamö, bäjäcö cuo wä." (Lucas 23:39-43)

A wa jaba tomishiwä lä janowei a no bleaaö mao bä, a jucäamou buji doblao bä daoma. Jucäalewä a wajano bejedi ja yubonö, a wa jano nomi.

Ai a lä cuinö a waja cai Jesus no waiblama, culenaja ya nia nomaö, tä dama yalo, a buji ja shomiblalunö, a jucäamou buji doblaoma. Yai bada cama e tä uliji jamö a bälöo buji doblaoma. Cama ija Jesus a maamou nomi. Öjö lä tänö Jesusnö a nowa tama:

> "Jei tämö jalu ja, tä doblaobä jamö, bäjäcö cuo wä." (Lucas 23:43)

Cäcöbö nomalayoma. Moli, shobali wacä jamö a juma, ai, tä doblao bä jamö a waloquema. ¿Wedi täja? Molinö, Jucäalewä a wailema. Ainö a wajano bejedi yuboma.

Jilamodima 63
Jödödö A Lä Läblalionowei

Motoca a yololobloma, Jesús tres horas a yauo waiquiyoma. Tä mö bada mididiblaliyoma. Bä bluca mamo lä yäle bä quilili docöbloma. Tä matasi bada waidaliyoma. Motoca a caödou täjä, Jesús a icali laamoma:

"Iba Yai bada tä. ¿Wedi tä ja wale daquejälöma?". (Mat.27:46)

Mididinö bä ijilubö a jitäbou täjä, ji ji jamö, a buji joliblou yaiyo täjä, cama ija, Yai bada tänö cajä bämacö walidiwä bä ja dälänö, cama bä ijilubö ija, bä bluca yejimaquema. Öjö täja, Yai bada tä mö juluquema. Jesúsnö öjö bä bluca waicama.

Jesúsnö jödödöwä walidiwä bä lä däleno wei täjä, Yai bada a yaibä läblaquema. "Walidiwä bä möö daomi." (Habacuc 1:13) Bä ijilubö a yauo shawao täjä, Yai bada tänö, walidiwä bä möö daomi yalo, a yaibä läo showäo täjä, motaca a caöblaliyoma. Bä ijilubönö, walidiwä bä no cowa ja jödödömacönö, shobali wacä jamö bämacö niya lä juu wei, tä nowa shäblalema.

Tä nowa waicama.

Walidiwä ya bä bluca nowa ja mladamalönö, yädu jamö wa wäyälewa bänö tä a lä wäyäno weije, ya bä bluca bejediblalema, Jesusnö tä dama yalo, a cuma:

> "¡Ya bä bluca waicama!"
>
> Jesús bei cä je mö ja wäläalunö... a nomalayoma. (Juan 19:30)
>
> Yai bada tä e yaji jamö sicö suble lä läo no wei sicö cacablou itoquequiliyoma. Mashita a ja blösöblösö-monö, maa mabä nashobloma. (Mat.27:51)

Moli ijinama bä ja jayudamajenö, walidiwä bä je yojoblabä, iyä iyä bä lä jamishamono wei jamö, wadoda sicö suble läoma. Jesús a ja nomalönö, Yai bada tänö, yalo iyäbä nowa cuwamiblaö ja, sicö caca itoquequiliyoma ¡Bä nowa waicama! ¡Walidiwä talewä bä no cowa je usucumaquema! ¡Iba cordero, ijiluyä a lä cui, jödödö läblano cä a, iyäbä wajacäwä! ¡Iba ijiluyä a wajano bejedi lä yubou wejei, jedu je dole jamö bei cä yoca calobloma!

Yädu jamö wawäyälewä Isaiasnö tä a onimama:

> Cajä bämacö walidiwä bänö a basumaje... A shämoma, bamacö yanöcöwä bälöa bä, a yowamoma bamalecö jalomabä. Oveja bä mojolu lä culenaja bämacö cuoma, ... bämacä juu buji lä doblao wei jamö bämacö juu bä daoma. Culenaja, Yai bada tänö cajä bämacö walidiwä cama bä ijilubö ija, bä yejimaquema. (Isaias 53:5-6

Tä waicoma.

Jilamodima 64
Bada Tä Nomawä Didiquemaje

Jesús a nomalayoma. Tä bejedi dabä, soldadonö, ... bei lebocö diwäjäquema, mau, iyä iyäbä jalayoma.

Wa jilamolewä bä buji wädinaja cä moma. Jesús, a bada ja loonö, Roma teli bä nia waicaö bä buji cuma, culenaja "tres tä mididi cublou täjä ya demö jocädou wä," tä wajano bejedi yubo nomije.

Bä ja shablajenö, shabono a sibo jamö, canosi bä lä joyaö wei jamö, täca täca bä jamö bä noblewä joyamaje. Culenaja inaja Jesús a no blewä taa ma nomije. Wawäyälewä Isaiasnö tä a cai onimama:

> "... no madojibö bä lä didio wei jamö a no blewä didiquemaje." (Isaias 53:9)

Yai bada tänö bä ijilubö a noblewä nia lä didimabo no wei, tä cobeboma.

> Tä mö wäyäö täjä, walo no madojibö a cobema. Arimatea teli Jose a waja cuoma. Jesús wa jilamolewä a cai cuoma. Pilato ija a ja junö, Jesús a noblewä nacama. Pilatonö a jibämaö bujima. (Mateo 27:57-58)

A shäblaö jaöo mao je täjä, bada bä ija bä ja quilinö, Arimatea teli Jose, Nicodemo sho, Jesús wa jilamolewä e bä cuo jatooma. Jesús a no bleaaö ja mööjenö, cäcöbö quilii mladaliyoma. Jesús a noblewä ja coläjenö, a ja yalulijenö, yädujamö shidicali mö lewä bönö ubä lä jibäa nowejei, inaja cuwä ubä lii cledeli showawänö, a je ja joloblalöjenö, aushi, liyäjäwä sicönö a jaloblalemaje. Josenö noblewä bä beji, täca lä tablamalenowei, a noblewä ja didicäjenö, taca cajuquejälömaje.

Bada tä bä lä didiyamou weinaja, a didiquemaje.

Öjö tä jenaja Pilato ija, Judio bada bä waloquema.

> "Bada tä, a demöo showao täjä, 'Ya demö jocädou coo wä,' a cuma. A noblewä lä blale jamö ai bä da lämacö, Wa jilamolewä e bänö a tomöaö maobeje. A tomöaöje ja, A nomawä demö jocädou cooma, bä cuu maobä. A demöo täjä bluca bä ma mölano wei, inaja bä cuu ja, bluca balöwä bä mölalayouwä." Bä cuma.
>
> Pilato a wa jama. Bei, soldado bä da lämacuduje, tä da nowamaduje. Soldado bä ja lämacöjenö, maa ma jamö jusujusu a sudimaquemaje, ma joyaö maobeje. (Mateo 27:63-66)

Culenaja, ¿A lä blale jamö, wedinaja Jesús a noblewä cuwaa ma?

A cuwaa nomi.

Jilamodima 65
Maa Maca Bloqueoma

Adán a lä yaclä no wei täjä, yanomamö bämacö ija, nomaö tä walidiwä cublou showalayoma. Öjö lä culenaja Jesús a cai yacläma ja cunoja, cama a cai moli obisi mashitablou cooma. Culenaja yädu jamö wawäyälewä, Davidnö tä a onimama:

> Cajänö... ya lä didiyono wei jamö wale jodemaö maicätä. (Salmo 16:9-10)

Nomaö, maa maca ma cui, Walidiwä talewä a cuo nomi yalo, lojote tä tabo nomi.

Tres mö jalu bä ja mladalunö, tä mö wacacadou täjä, suwä bänö Jesús a noblewä möö mö jumaje. Mashita a blösöblösömoma. Yai bada tä e ángelnö maa ma ja blajamalönö, a dicäquema. Ángel a no quili ja tajenö, jawä nomawä soldado bä blaoma, angel a wa jama,

> "¡Quilii dijejä! Jii ji jamö Jesús a lä yamabou no wejei, wamaa a daei. ¡Jäyäja a cuwami! ¡A jocädou cooma, cama awa lä jano weinaja! Jabo, Jesús a lä blaono wei tä da möyo. Cama wa jilamolewä e bä ija, a demö jocädou cooma bä da cuudu" a ángel cuma.
>
> Bä suwä quiliima macui, bä buji doblao cai lobalayojälöma, Angelnö tä a lä wäque no wei, wa jilamolewä bä yömöcamaö mö jumaje.
>
> Jesúsnö bä mö ja bamalänö, bä a wayomama. Bada tä waja jilabönö, e bä ja läläicunö, Jesús bei mamicö ja juwäbölänö, a waja doblao tamaje. (Mateo 28:5-9)

Soldado bä ja jocädalunö, shabono jamö bä ja jalönö bada bä ija bä a wäoma. Bada bänö bä a ja washuyonö, plata bluca bä jibäquema, bä jilamaje.

> "Inaja bä da cuu. 'Mididi ja, yamacö miyo täjä, cama wa jilamolewä e bänö noblewä a tomölemaje.'" (Mateo 28:13)

Nasi tä anö, bejedi tä joleblaö maicätä. ¡Bei cä maca bloqueoma!

A lä nomalayo no wei, bämalecö no comaquema. A lä didiqueno weije, bämalecö no bolebö colema. A lä jocädou no wei tänö, cama sho bämacö no owä demö jocädou cooma. Öjö cudenö inaja a cuu:

> "¡Quilii dijä! Ya cuo lä shomao no wei cä ya. Ya lä balimii cä ya, ¡Jei täjä ya demö shi walii! Bä lä nomablou wei bä beji, cusha modima ya tabou."

Doblao tä ano bejedi lä yubou wejei, nomaö tänö, Bada Bälöamö tä lä dicäladi ja, bei cä yoca calobloö."

> Bada tä cuu. "Ya balimi yalo, wamacö balimiblou wä." (Juan 14:19)

Jilamodima 66

Wawäyälewä, Bänö Awaja Lä Wäyäno Wei

Jesus a jocädou ja colonö, wä jilamolewä bä ija a damolaliyoma. Suwä cäcöbö ija, Pedro ija, öjö täjä jama cäcöbö ija a dablamoma.

Emaús jamö wa jilamolewä cäcöbö ayoma. Jerusalén tä bayäquele jamö a shabono lä blale.

Cäcöbö a wayou däjä, Jesús a möjabalonö a nocaquema. A no öjöböabö nomi. Jesús a wa jama: "Wajäcö jujälö bolanö, wedi cä wa tä a wayoaö"

A wa ja jilibölänö, cäcöbö buji aji cai ublaquema. Cama cäcöbö ai Cleofas a wa jama: "Jerusalén jamö bä jama lä cuo wei bänö bä a bluca daöje. ¿Jäyäja bä lä tano wejei wa daimi lä cä?" A cuma.

"¿Wedi tä tamaje?" A cuu mö jeduoma. (Lucas 24:13,15-19)

Tä a wäyäjälömaje. "Nazaret telinö yamalecö ulijibö nia lä jucäaö wei cä a, yamacö buji cuma. Culenaja A shäblalemaje, culenaja, a nomawä lä didiono wei täca bloqueoma. ¡Ai tä tamobä tä cuwami!"

Jesus awa jama, "¡culajälä wajäcö buji mojodi da dodijii! ¿Wawäyälewä bänö tä a lä onima no wejei, wama tä a daimi lä cä? Jucäalewä a nia no lä bleamaö balöo wejei tä a tamaje. Öjö täjä, Cama shii jilajawä a nia yai waloo."

Öjö täjä Jesusnö bä jilama. Moisesnö tä a lä onimano wei jamö, Yai bada tä ano wäyälewä bä oni bluca jamö cai, cama a wa lä tano wejei bä a bluca wawämama.

Shabono a jamö bä ajedo waiquiyoma, jawä a je niya doleblo jölöö a cuwaama, culenaja a wasilemaje, "A da yanöcöicu, tämö wäyade waiquiya." Öjö täjä cama cäcöbö sho a yanöcöquema.

Bä iyabä bä loquema, pan a ja yulänö Yai bada tä shi öjöde ja jimanö, jii ja cacablalönö, cäcöbö dobäbölema. Bä dobämou täjä, Jesus ano öjöbälema. ¡A no ja öjöbälänö, Jesus a mladaliyoma!

Cama cäcöbö a wayoma. "Bei yo jamö, oni tä wajanö bämalecö buji daamaö täjä, camiyä bäjäcö bälöcö shi jalimolayoma." cäcöbö cuma. (Lucas 24:25-32)

Jerusalen jamö, wa jilamolewä bä ija bä waloo coma. "Bada tä Jesus a jocädou cooma. Oni täbänö Jucäalewä a waja lä tanowejei. ¡Yai bada Shimano cä a! ¡Bada cä tä!

Jödödöwä wawäyälewä bä a no bejedibloma.

Jilamodima 67

Bei A Dudeoma

Domingo tä wäyade täjä, wajilamolewä bä quili ja, yoca cajubomaje. Cama bä motalöjamö, Jesús a bädaliyoma. A wa jama. "¡Bä quili dijä!"

> Bei imöcö mömoma. Bei cä lebocö cai. Bada tä Jesús no ja öjöböläjenö, wajilamolewä bä buji doblaloma. (Juan 20: 19-20)

Wajilamolewä, Tomas, a cuo naleo nomi. Ai bänö a yömölamaje. "¡Bada yamatä Jesus möma!" Bä cuma.

> "Ya mölaö maicätä. Bei cä imöcö jamö canosi ya bä möimi ja, ya bä canosi jubaimi ja, bei cä lebocö canosi jamö ya imöcö luqueimi ja, ya tä bejedi bujii maicätä
>
> Ai täjä, wajilamolewä bä cocablou cooma. Tomás a cuo naleoma. Bei cä yoca lojotooma. Cama bä mötalö ja, Jesús a ubladou colayoma. "¡Bä quili dijä!" a cuma.
>
> "Bei. Tomás, Wale imöcö da canosi möö. Jäyäja bei cä wa imijena da lucälö. Bei wa imöcönö, bei ya lebocö canosi jamö a imöcö da lucälö. Wale a bejedi da buji."
>
> "¡Bada tä. Iba Yai bada cä wa tä dodijiwä!" A cuma
>
> "Wale möö ja, ¿wale bejedi bujii lä cä? Wale möö ma majei, wale bejedi lä bujii wejei bä buji doblao. Jesús a cuma. (Juan 20: 24 - 29)

40 möjalu a dablamoma. Cama ebä ija a ja bädonö, bä a ja wayomanö, a mladou cooma. Bei a dudeoma. A bodou lä ojodei jamö, a bädou showadao bädaoma. Cama jaba bei a dudeblaliyoma, inaja bämalecö niya dudeblaö.

> Mashitanö a lä tablaleno wei bämacö cuwä lä culenaja, obi Cristo a balimi lä culenaja bämacö nia cuo.
>
> Adannö walidiwä a tama yalo, yanomamö bä nomaö. Cristonö, bä demö jocädou coo wä. Adannö nomaö tä bädamalema. Cristonö demö balimi a bädamalema. (1 Cor15:49, 21-22)

¿Walidiwa talewä ya yalo, Yai Bada e uliji jamö ya no waloobimi, wa tä daö cule? Camiyä ya beji, JesuCristo a läblaliyoma, a nomalayoma. Öjö täjä a demo jocodou colayoma. Nomaö tä waicama. Awei, wa cuu ja, Cama bä ijilubö cä wa waiquiwä. Obi, äjä dude bei wa li däaöwä. Cama a lä culenaja.

Culenaja, clavo bänö dusi mai.

Jilamodima 68

A Colayoma

Adan ija Omawönö tä lä dälenowei, Jesusnö tä colema. Cama tä lojotenö, Omawä ija, jecula bä ija, wadoli ija, jalili bä ija, oji bä ija, nomaö ma cui, Jesusnö öjö täbä nia cadejeblaö. Judio, soldado bä sho a ma juwälenowejei, a ma yowanowejei, jiji jamö a ma yauamaöjetäjä, a jucäonomi. Cama a jibäoma.

Bä Jöö, Yai Bada e uliji jamö a coo showao mao täjä, Jesus a wa jama, cama wa jilamolewä bä ija:

> "Ya bälöo lä dodijii… Jayänö wale tablamalema… bä da alujälö. Bä a bluca da jiladuje. Bä moje da ojomaje.[21] Jayä cä a wajanö, bä ijilubö cä ya wajanö, Yai bada tä no ujudibö a wajanö bä moje da ojomaje… ya bä tamaö lä bujino weinaja, bä taö nomöjöobeje… cajä wamacö ija, ya cuo shi walii wä. Jesús a cuma. (Mateo 28: 18-20)

Inaja Jesus a cai cuma,

> "Camiyänö bämacö lä nojimaö weinaja, bä da nojimayo. Wamacö nojimayou ja, iba wa jilamolewä wamacö no öjöböamou wä." Jesús a cuma. (Juan 13: 34-35)

A lä jocädo nowei, 40 möjalu bä ja mladalunö, Jesusnö, Olivo cäcö jeju jamö, bä cai yamoquema. Cama bänö, a niya lä waloo coo wei, tä walimaje.

Jesusnö bä nowa tama,

> Wama a dabä tä cuwami dicowä. Jayänö a taö bujio täjä tä wawäblou wä. Cajä wamacö ija Yai bada tä no ujudibö[22] waloo täjä, wamacö buji moyaweblou wä. Jerusalén, Judea, Samaria bä ulijibö jamö, wamalee waja taö wä. Bluca a ulijijamö bä lä bälöo wei bä ija cai.
>
> …Wa jilamolewä bä mamo yäo däjä, Jesús a ösölayoma. Ijilashi jamö Jesús a dablou mlalayo dayoma. Bä mö nonoo showao däjä, jawä yanomamö, shuducaje sicö ja cäcöbö ublaa nalequema.
>
> Cäcöbö a jama. "Galilea uliji telibä, ¿Wedi tä ja jedu jamö wamacö mö nonowa cule? Cajä wamacö ija Jesús a lä cuono wei, a colayoma. Jesús a itou coo wä. Öjö däjä a lä ösölayono weinaja, Jesús a itou coo wä.
>
> Jerusalen jamö bä coquema. (Hechos 1:7-12)

¡Jedu jamö a lä walowa coque dayo no wei tä möjalu ja, "Bada Tä Dodijiwä" a tablalema! (Salmo 8:5, Hebreo 2:9)

Jilamodima 69

Bada Tä Lojote Noji Lä Dowaöwejei

Tä shiimö yami yamiwä. Amowa bä a bluca. Buji doblao. Angel bä bluca nowa tayoma. ¡Yaji jamö bada tä coo cuimi! Culenaja a mömou shomio wä, cama a lä culenaja a walo lä tablaleno weinaja a cuo shi walii wä.

Tä matasi bada waidaliyoma.

Tä matasi ma waidaliyono wei, Tola bä a bada nacli bädaliyoma. Ai tä a bada nacli comöö jilimoma.

> Bada yoca bä da caloblalije, bei yoca bä lä waisibii yoca bä da caloblalije. Bada Bälöamö tä jabä.
>
> ¿Bada Bälöamö wedi cä a?
>
> ¡Bada tä lojote lä dodijii. Bada täno lä walo jaö wei cä a!
>
> Bada Bälöamö wedi cä a,
>
> ¡Yai Bada tä bada, lojote dodijiwä cä tä! ¡Bada Bälöamö cä tä!(Salmos 24:7-8,10)

Bei yoca bä bluca caloblou no jädäjoma, Jedu jamö, buji doblao tänö bä imöcö a jilimou naclio dodijiyoma. A lojote lä jayuqueno wei, Yanomamö nodiwa awa ja lä jiloö wei, a dusi coblou cule. JESUS a doblao lä jimabolajei bä bluca mötalö jamö a jayuo cule, cama bä jöö a lä lole jamö a nia waloo. Adan nodiwä bä no lä comaqueno wei a Bada lowa.

Cama e tä bluca waicama.

Jedu jamö bä lä bälöaö wei, cama bada tä ija, amowa dude tä anö, bä amowamoma.

> Wa cadejewä… Bei wa iyä bänö yanomamö yamalecö bluca aublalema, Yai bada yama ecö cublobä. Uliji bä bluca jamö, cajicö bä bluca jamö. Yanomamö yamalecö bluca aublalema. (Apocalipse: 5:9)

Yai bada tä lä lole jamö angel bä bluca ublao je jayooma… Inaja bä cuma.

> ¡Beji joyalewä a lä shäblano wejei a cadejewä… A buji moyawe jimamobä, a lojote jimamobä! (Apocalipse: 5:12)

Jei täjä, Adan nodiwa bä no bleyaaö, waino, cai nomaö showawä. Culenaja jucäamodima tä cuwa. A lä nomalayono wei, a lä didiyono wei, a demö jocädou lä colayono wei tänö, bada tä Jesus, jayuwa jödödöquema. A noji lä mölajabou wejei bä bluca ija, tä a cuu.

> Bä buji joliblo dijä, Yai bada tä noji da möla jaleje, wamalee noji cai da mölajalä. Jayä e uliji jamö yaji bä bluca dodijiwä, ya tä ja waicanö bämacö cowablaö mö juu wä, ya cuo bä jamö wamacö bluca cuobä.
>
> Camiyä bei ya yoca. Bejedi cä ya. Balimiblamalewä cä ya. Ya bä bälaö lä mai, Jayä ija bä waloo daomi. (Jaun 14:1-3, 6)

JILAMODIMA 70
BADA TÄ JUU COOWÄ

Jei a bita jamö täbä lä cuwaö lä ojodei naja bä cuwaö wä... Culenaja, Bada Bälöamö a itou coo wä. Öjö täjä burro ija a dicäo maicätä, a no waiblamou maicätä, mösöcö ecö cai yojowäö coo majeicätä.

> Bada tä jocädou ja colonö, tä nia lä cublou wei Juan ija tä mömama:
>
> Jedu misi ya caloa dalalema. Caballo, aushi a bädaliyoma. A lä dicäle, Cadejewä, Bejedimolewä a waja jilamou. Walidiwä bä mladamabä a waitelimou mö juu täjä, bejedi anö a juu. Jawä cowa wacä wao lä culenaja, bei mamocö cuoma... Inaja a waja jilamou, Yai Bada Awa. Jedu jamö wayu julewä bä cai juma. Aushi aushilimö, shuducaje sibä ja bä didioma. ... Bä lä nosiyemaö wei cä a. A oni cuma. (Apocalipsis 19: 11-14,16)

A itoimaö täjä, Bada tä comööwä, tola a cai jolaö wä.

> "¡Mashita a bada jamö bämacä lä bada tämou wei, tä bälöa dodijiquema, Bada cätä Cristo! ¡A bälöo shi walii dodijio wä!" (Apocalipsis 11:15)

Wano nabä ebä mladou wä. Camanö omawä a ja ocablalönö, täbä no lä bleaa no wei tä uliji yanöcö damaö wä. Bada doblao dodijiwä tä bada bälöo wä.

> Bälöo dodijiwä a cublou wä. Öjö täjä cama Yai bada moli tä cuo wä, cama a waja moli cuo wä. (Zacarias 14:9)

Täbä niya lä jimamou wei täjä, Bada Jesus, Bada tä dicäo wä.

> Caö wacä bada wacä lä wau waumou wei tä mötalö jamö a dicäa... Bluca dodijiwä angel bänö a nojitabou weje, cama ija täbä ublao wä. Öjö täjä bä nia lä waimou wei bä liblo caloblama. (Daniel 7:9-10)

Jecula bada, cama jecula ebä sho, bä yabema. Modu u bada blaucuwä lä culenaja... wacä misi luo dao lä mai wacä jamö... Olu cäcö je bejedi badiquiblalema. (Apocalipsis 20:10)

Cama ebä beji, jedu misi dude, mashita dude a tablaö coo wä. Yanomamö bä lä bälöo wei jamö Yai bada tä waloquema... Bä mabu ubä bluca jajöö wä, bä nomaö codaö maicätä, bä möa öcöö codao maicätä, bä ninio codao maicätä. (Apocalipsis 21:1-2,3)

Cama a lä nojimaöwejei, bä lä nacou wei, tä bejedi taö wä.

> ¡A bälöa da dodijiquiyo, jedu jamö wa bälöo lä dodijio weinaja... mashita jamö a bälöa da dodijiquiyo! (Mateo 6:10)

¿Wa nacoma, Bada Bälöamö tä ija wa jideshebla quema?

¿Äjä bada lä tä dodijiwä?

Waicobä Täa

Bejedi lä ya wa. Camiyä ija bä yömöca lä dao wei,
wale lä shimöleno wei Jayä a bejedi bujiije ja,
bä balimiblou wä. Ya bä walidiwä jimaö maicätä…
Shobali wacä jamö bä moli cuo shi walima ma cui,
balimi cä yo jamö bä juu waiquiwä.

— Jesus, Bada Bälöamö (Juan 5:24)

Yanomamö tä bä ija awa ma bälöo däjä,
yanomamö tablalewä a ma cui, yanomamö
bänö a no ojöböa nomije. Culenaja ai bänö
a bujimaje. Cama a wano bejedi yubomaje.
Ojö bänö a lä bujii wejei, cama a bujiije yalo,
"Ijiluyä cä wamacö." Yai bada tä cuu.

— Jesus, Bada Bälöamö (Juan 1:10,12)

¿Showadi Buji Doblao Lä Cä?

Yanomamö bänö, ai tä a jili je täjä, tä jayuo liyäjäwä ja, bä buji doblao. Jei jilamodimanö tä a lä wäyäö wei, tä a bejedi. Bada Bälöamö e tä lä cui wa jilii bädao beji tä a mai.

Wawäyälewä (40) bänö, nasi täa yaiwä onimaö no dedeaö majeicätä. Culenaja Yai badanö bä a ja macocanö, e tä a onimamaje. Jei tä a bejedi.

Jolemoshi täanö bämacö walidiwä, buij joliblou tä ja mladamalönö, bämalecö buji shomiblaö, Buji noji, buji doblao, buji yanöcöwä cai bälaö maicätä. Culenaja Jesusnö tä yai tao dao.

Jesusnö wawäyälewä bä a ja bejediblalönö, Adan nodiwä, Tablalewä ija bä showadi nia lä bälöaö wei, tä bejediblalema. Culenaja blewä täbä bälöaö maicätä.

Jawä Yai bada tänö Adan ija jicali a jibäaö täjä, a nowa lä tanowei naja, inja showawä jedu je dole jamö, cama nodiwä ebä ija awa jaö showawä.

> Shami, walidiwä, nasimou täbä lä juliweji, öjamö bä jaö maicätä. Beji joyalewä e liblo jamö bä waja oni lä cule bä jaö tajiyaowä. (Apocalipsis 22:27)

Demö jimaö wei cäcö liblo jamö bä waja oni lä cule, Jucäalewänö jedu je dole jamö cäcö balimi tabou culadi. Bada Bälöamönö, cama ija wa buji cuo bä, wa läcaö maicätä. Bämacö ja nomanö shobali wacä jamö bämacö nia lä juu wei, omawä ija bämalecö colema.

Bada Bälöamö e ulijijamö bä cuo lä mojii, bä beji cuo maicutä. Culenaja, Bälöamönö täbä bluca jucäaö ojode ja, imöcö nojimou dodoa showaa. Inaja a cuu.

> "A lä amishii a ucuobä, balimi ubä lä buji wejei, nomaija ubä da cowayoje. Culenaja camiyänö bämacö bluca wasii. Jei oni tä bä a jamö ai shomi tä a lä yädäamaö weijei bä ija, Yai bada tänö, jei liblo jamö no bleyaö bä waja oni lä cule, bä yädäamamou wä. Ya juu coo jaöowä."
>
> "¡Awei Bada tä, Wa juu jaöo bä!" (Apocalipsis 22:17-20)

¿Adannö Yai bada awa ja joyalönö, wedi naja Yai badanö a daei täjä, Adan que cuma? Buji quilijiwä e a julayoma.

"Jicali jamö bä a ja jililänö, ya quilia dicolayoma." (Génesis 3:10)

¿Culenaja, jei täjä wedinaja Adan nodiwa bämacä nia cuwaaö, bämalecö niya lä nabä juu coo wei täjä? Bämacö buji doblao cuu,

"Awei Bada tä, Wa juu jaöo bä!" (Apocalipsis 22:20)

¿Wedicätä shomiblaliyoma? ¿Wedi täja Yai badanö ai täbä niya lä wabaö wei täjä täbä quiliimi? ¿Wedi täja ai bänö Bada Bälöamö a mojecö dablaö buji je?

Awa no bejedi yubomaje yalo.

Wawäyälewä Isaiasnö tä a onimama:

> Wedinö wamalecö a bejediablabä, jawä oveja bä lä mojolu weinaja, yamacö bluca mojolulayoma, culenaja, Yai bada tänö cama ija, camiyä bämacö bluca walidiwä yädämaquema. (Isaias 53:1,6)

Wawäyälewä Isaiasnö jei 3 tä bä a onimama.

1. Bämacö no bleaö.
"Yai bada bäma e yoca ja dacöjälönö, bämacö mojolulayoma."

2. Yai bada tänö bämalecö noji ojodabou.
"Yai bada tänö cama bä ijilubö ija camiyä bämacö bluca walidiwä yädämaquema."

3. Bäma tä nia lä yaiyaö wei.
"¿Wedinö wamalecö a bejediablabä?"

¿Bada wa tä bejediablaö?

> Ai täjä yanomamö bäma bä a bejediablaö, culenaja. Yai bada tä yai nasimou daomi. Showadi a bejedi. Camanö bä ijilubö a waja wäyäö.
>
> Yai bada wa tä a juwaimi ja, wa wa nasiblaö, cama bä ijilubö a bejedi lä cu no wei, wa wa jiliyanomi yalo. Inaja a cuu, "Camiyä bämacä ija demö balimi tä jibääö cama bä ijilubö bäma awa bejedi yubou täjä. Bä ijilubö bäma tabou ja, bämacö demö, bäma a taboimi ja, bämacö demömi."
>
> Yai bada tä ijilubö ija wamacö buji lä jaduquei wamacö ija, jei ya tä a onimaö. Yamacö nia balimiblou, wama a dabä. (1 Juan 5:9-13)

Awei, wa tä bejedi daö dao. Bada tänö wa jilaöwä.

Yanomamö bä lä cuu wei bä ija, bä yaibä da läblaicu. Yai bada a awa no yai bejedi a da yulä. Yai bada tä sho balimi wa bälöobä.

Dodijidawä tä a lä wäyäno wei • 2

Walidiwä Tä A

Jaba dodijiwä bäma tä lä möno wei, Yai bada tänö cama a cuwä lä dodjiinaja walo a tablalema. Cama a doblao anö yanomamö cäcöbö tablalema, öjö cäcöbö lä cui cama noji dodijiwä ecöbö cadejewä shii jilajawä cuoma. Culenaja a nia wabamou balöoma.

Yai bada tänö Adan a nia cadidou wabama. Jödödöwä jimo jimo jicali jamö wa bä waö dao. ¿Culenaja moli ji noshi umaboma, Adannö Yai bada tä a juwaimi täjä wedinaja ca nia cubloma?

¿Äjä walidiwä bä mladamabä, wa iyaö ja wasiyonö, Yai bada tä ija a da naco, e cuma lä cä? Ma! inaja a cunomi, wa lä iya bole täjä, wa nia nomama.

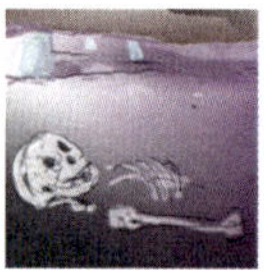

Tä lä cublaliyono wei bäma tä daö. Adannö Tablalelwä awa joyalema. Adan, Eva cäcöbö yacälayoma. ¿Culenaja, cäcöbö nomawa yudulayoma? ¿Ma, Yai bada tä ija, nomaö, wedi cätä? ¿A nasimoma tawä?

¿Yai Bada tä a nö, nomaö a cuu ja, Wedi cätä?

¿Noleshi tä da möö. Wedinaja jii cä jicö boco wai cuwaö cule? ¿Jii boco joyoblalei täjä wedinaja ji boco nia cublou? ¿Jicö nia demöo showao o jicö nia nomaö?

Jawä boco demo a dablamou cuwä, culenaja boco niya nomaö, boco shadiyami yalo.

Nomaö tä lä cui, wa lä blajaö wei tä a cuwa. Öjö tä a walidiwä jebalojowä.

Adan bä suwäbö Eva sho, Yai bada tä a ja joyabölönö, jawä jii boco bäblamou lä culenaja cäcöbö cublaliyoma. Yai bada tä sho cäcöbö noji lä tayo no wei e tä mladaliyoma. Cäcöbö jitäo wabäoma. Adan, bä suwäbö Eva sho, cäcöbö no ujudibö nomalayoma.

> Cajä wamacö walidiwänö, Yai bada tä ija wamacö blajalayoma. Öjö tä bä walidiwänö a mö julua, wamacö a jiliyau maobä. (Isaias 59:2)

Adan bä Suwäbö Eva sho nomaö tä yubölema. Jawä jii jiboco cäblou macui, yaa jena jäwäö jao lä mainaja, cäcöbö mashita cublou mö yabao showadao nomi. Culenaja walo badaö tä bädou showalayoma, nomaö tä ija docöö beji tä cuonomi.

Tä a walidiyoma. Yai bada tänö jucäaö beji tä a wäyäö maoma ja cunoja, cäcöbö jucäamobä tä moli cuo nomi. Cowa wacä balimi, omawä, cama ebä sho bä beji wacä lä yämanowei jamö, bä da alujälö etä moli cuo bädaoma.

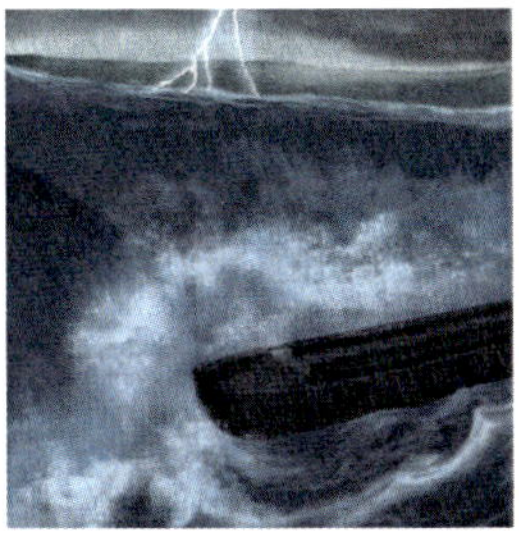

Shobali wacä cuami ai bä cuu… wacä blaucuwä jamö, bä no bolebö balimi cuo shi walii wä, täa jilije täjä, bä jole icaö. Culenaja, Yanomamö bämacönö balimio shi wali tä läa bäma tä no öjöbäaimi. Bluca bänö wawäyälewä Noe a no cai waiblamaje. Culenaja bei yoca cajublou täjä, maa a quei täjä, bejedi täno öjöböle maje. Öjö tä lä culenaja shobali wacä jamö yanomamö bä queo täjä täno nia öjöböaöje.

> Yai bada tä bujii lä majei bäno bleyaö shii walii wä, bada tä Jesucristo ija bä ajedou daomi. Bada tä Jesucristo a dablaö majeicätä.
>
> (2 Tesalonicenses 1:9)

Yai bada tänö walidiwä talewä bä ajedemabou daomi.

Walidiwä, bämacö ulijibö jamö waliyamodima lojote dodijiwä tä cuwa. Walidiwä, shami täbä bluca.

Jawä jalili a lä biyäo wei naja, Adan ebä walidiwänö bämacö waliyoma. Jii ji boco cäyano jamö yaa jenabä nomaö lä culenaja, e tä walidiwänö bämacö walidiwä.

> Adannö walidiwä a jaba tama yalo yanomamö bänö, walidiwä bä taö je. Yanomamö bänö walidiwä bä taö je yalo, yanomamö bä bluca nomaö.
>
> (Romanos 5:12)

Moises a bälöaö täjä yanomamö bä buji cuma, walidiwä yabä taö macui, dodijidawä yabä cai taö ja, Yai bada tänö wale noji asiblaöwä. Culenaja Sinai cäcö jeju jamö caö wacä bada jushomi jamö Yai bada täja bädalunö, diez jilamodima bä jibäquema bä cadidobä. Bä a juwaö lä majei, bä waimou showadaoma, bä nomabä.

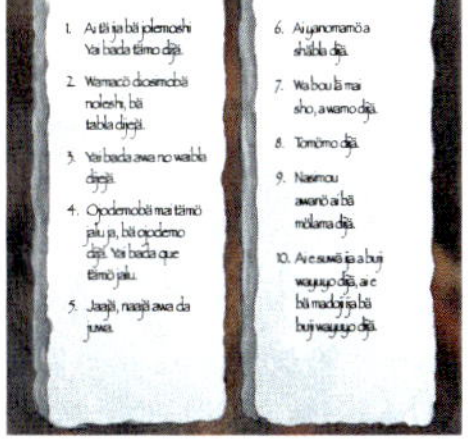

Diez jilamodima bä lä cui, jawä mölenö wamojecö shami jimaö dao, culenaja wa mojecö aublaö daomi. Jilamodima bänö walidiwä wano öjöböo, bämacö cadejeblaimi. Yai bada e uliji jamö bämacö waloo daomi. Walidiwä, buji moebö bämacö, culenaja, Yai bada tänö bämalecö jucäaö buji doblao.

> Yanomamö bämacö blucanö walidiwä bämabä taö yalo, Yai bada tä doblao lä culenaja bämacö cuwämi. (Romanos 3:23)

Yai bada tä ija bämacö je usucuwämi, walidiwä cätä. Dodijidawä tä lä cui ai walonö tä cadejeblalema, öjö Jesus a waja cuwa.

Dodijidawä tä a lä wäyäno wei • 3

Dodijidawä Täa

Yai badanö walidwä talewä bä niya nomamaö, culenaja bä nojiasiblaö buji doblao. Iba walidwä tä nowa nia lä cuo wei, camiyä wale shäblaö mai, bä ijilubu a shäblalema, wale noji asiblabä.

¿Yai badanö walidiwä talewä bämalecö joyaö maija, wedinaja walidiwä bä joyaö dao?

Wedinaja mai, Jesucristonö bämalecö jucäabä a waloquema.

Yädu jamö, Jesus a waloo nomi showawä täjä. Yai badanö yalo bä iyä bä läblamaö bujima. Cama bä nomaö, no owä tä cuoma. Yai bada tänö bä noji asiblabä yalo iyä bänö walidiwä bä batelimama.

¿Cordero iyäbä wajäcäwä lä cä? Ma. Yalo iyäbä wajacäonomi. No owä tä cuo bädaoma.

¿Wedi iyä bä yai wajacäo dodijioma walidiwä bä no cowamabä? Walidiwä bä taö dao lä mao no wei, moli a cuoma. Tablalewä a macui a yanomamöblaliyoma.

Jaba dodijiwä, Yai bada awanö bä bluca tablalema. Awanö bä tablaö lä mao no wei bä cuwami. Balimiblalmelwä cä a. Öjö balimiblamalewä e shii jilajawä anö yanomamö bä buji daa maö. (Juan 1:1,14)

Cordero bä shämou lä culenaja a nomaö wä. ¡Jesusnö Yanomamö bä blucanö bä walidiwä lä taö wejei bä walidiwä mladamama!

Abel a noji da jaducälä. Yai bada tänö Abel a beji cordero a läblamalema, walidiwä e bä batelimabä. Jesusnö walidiwä bä batelimaö bädao nomi. Bä nowa shäblaö jödödölayoma.

Abelnö cordero bä lä ishimano wei, Jesus a no owä cuoma. Culenaja, camiyä bämacö walidiwä bä yuä ja jödödölänö. A wa jama "¡Ya tä waicama!"

Tä nowa waicama, bämalecö noji asiblalema.

> Dodijidawä cä täa, jei bäma täa bejedi yubouja bämacö jucäamou, täa oni lä cuu weinaja, Cristo a nomalayoma, a noblewä ja didicöjenö, tres möjalu täjä Cristo a demö jocädou cooma. (1 Corintios 15:2-4)

Abraham, bä ijilu sho cäcöbö noji daeyamou. ¿Wedi täja jeju blajai jamö yalo ishimaö beji bä shimama?

Yai bada tänö, öjö jeju cäcö jamö, cama bä ijilubö, yanomamö bämacö beji, a nia lä nomaö wei tä jimama.

¿Wedi täja Abrahamnö öjö cäcö lä cui "Yai bada tänö a jibaöwä" cäcö a jilaquema? Öjö a jeju jamö Yai bada tänö walidiwä beji jeusucuwä jödödö tä jibäquema.

¿Abraham bä ijlubö a beji wedi cä tä jibäquema? Yalo shomi. ¿Wa jucäabä beji Yai bada tänö wedi tä li jibäquema? Jesus, Yai bada que oveja.

¿Shobali wacä jamö wa nia lä joyaö wei täja wa quilii? Jesus Jucäalewä, wa bejedi noji möla jabou ja, Quili beji tä cuwami. Cama nomaö anö walidiwä bä no cowa waiquimaquema, Yai badanö a demö jocädamalema.

Jei täjä Adan, Eva cäcöbö noij da daeya. Cäcöbö jitälanö yaa jenabä diyäma bä jaloobä. Cäcöbö noji asiblabä, Yai bada tänö yalo a ja shäblalönö sicö ja yoblalönö cäcöbö didiquema. Öjö yalo iyä bä lä joyao no wei tänö walidiwä bä no owä batelimama. Cäcöbö jaloobä, yalo sicönö no owä bä li jalooma.

Camiyä bämacö no badabö bä walidiwänö bämacö quilii bälöaö showawä. Yai bada tä ija bämacö je usucuwami, cama sho bämacö bälöa daomi. Culenaja, inaja doblao täa cuu. Jesucristo jii ji jamö a ja nomalönö, walidiwä bä mladamalema … Jesus a demö jocädaliyoma. Jei täjä Yai bada ija bämacö waloo dao.

Jesus a ja nomalönö a demö jocädou lä colayono wei tänö, Yai bada tänö wa aublaö buji doblao, Jesus e bä dodijidawänö, wa cai didiyaö ojode.

> Shami bänö bämacö bluca Jalili … jawä wadoda sicö shami lä culenaja bämacö cuwä. (Isaias 64:6)

> Yai bada tänö wale buji doblamabou, wadoda nowamamodima sicö ja wale didiquema. Cama e dodijidawänö wale jaloblalema. (Isaias 61:10)

> Cristonö walidiwä a taö dao ma maonowei, bämabä walidiwä lä tano wei, Cristo ija Yai bada tänö walidiwä bä yädämaquema. (2 Corintios 5:21)

¿Waimamodima tämö jaluja, äjä shami bänö je bateliwä wa nia ublao dayou? ¿Cristo e dodijidawänö wa niya yai besi au au yai ublao dayou?

Dodijidawä Tä A Lä Wäyäno Wei • 4

Wadinaja bada cä tä ija wa cuu mö jeduobä

¿Uliji jamö wa yami juwadalou täjä. Wedi nashomi wa tä yai möö ojode? ¿Cordero a ishou dao lä mai, o öla?

A nia jaba lä waloono wei täjä, Bada Bälöamö, jawä cordero a nia nomaö awaja tama, walidiwä talewä bä jucäabä … Bada tä nia juu coo täjä, jawä öla a bada lojote, waiteli lä culenaja a waloo wä …

Jesus a waloo täjä, ¿äjä jucäalewä wa dablaö täjä, wa buji nia doblao, o wa nia quilili blösöblösömou bä dao? Yaminö wa tä daö.

Jesus, inaja a jaba cuma bä yomöcamaö täjä:

> "¡Walidiwä bä ija bä buji da lädalu. Dodijidawä tä a da buji je!" (Marcos 1:15)

"Buji mö yabaö" Tä lä jimaö wei. Wa bejedi buji ja shomiblonö, Yai bada e yoca jamö a yai da juu. Cajänö wa lä buji wei mai, Cama a wa no bejedi yai da yubo.

Dodijidawä tä ano bejedi da yubo. Jei tä jimaö. Jucäalewä camiyä beji a nomalayoma. A demö jocädou cooma. Inaja cudeenö jei täjä ya cai demo.

Africa tä uliji jamö suwä cäcöbö lä cuaanowei ya täa wääö ojode. Fatu a lä cui, Bintu a cai.

Suwä bei cäcöbö mamo jamö nionio bä cuoma, Fatu, doctor ija a juma, mija, antibiotico ubänö mamobä je jolomama. Bintu a li lä cui, shaboli ija a juma, a jubäböblaliyoma.

Öjö bolacabi cäcöbönö, yajäcö niya jalou cäcöbä buji cuma. Cama a lä ju bujiyowei jamö cäcöbä juma. Culenaja moli a jalolayoma, ai a jubäböblaliyoma.

Bä nia lä balimiblou wei tä bluca daeije, Ai bä cuu, wa lä nomalayou wei, öjö je jolocowä waiquiya cä tä. Iba ojote doblao tänö, ya doblouwä, ai bä cuu. Culenaja, moli tä bejedi bädawä, Camiyä bei cä ya yoca a lä cuno wei, a shilo bejedi. ¿Cajänö wedi wa tä a bejediablaö? ¿Cajänö wedi wa tä li awano bejedi yubou cule?

Camiyänö, Bada Bälöamö ya tä noji mölajabou.

> Bejedi wa tä daei ja, wale a da jilii. (Juan 18:37)

Cristo ya bejedi ja bujinö … Cristonö wale demöamama, camanö wale ja nojimanö wale jucäama … (Galatas 2:20)

Bada Bälöamö a bädawä mai! ¡Iba Bälöamö cä tä!

Yai bada tä dablamou lä mai a lä culenaja, Jesucristo a cuwä cadidiwä. (Colosenses 1:15) Wa buji dudeblabä a waloquema cama a cuwa lä cadidiinaja wa cai tablaö buji doblao.

Jesucristo wa noji mölajabou ja, Yai bada tänö Adan ija wa lä cuonowei tä möimi. Cristo ija wa lä cule tä möö. Jedu jamö Yai bada tä lä culadinö wa ibalema. Yai bada nowamano cä wae, cama bä ijilubö iyä bänö, wa no comaquema.

> Queblano dude bämacö yalo, Yai bada tä ija bämacö jabemou dao, bä ijilubö bäma ecö. Jei täjä jawä Yai bada bä ijilubö bämacö cuabä tä bujimou. (1 Peter 1:14-15)

Wamacö mojodi täjä, wama bä noji lä yaibono wei bä taö codaa dijejä. Cajä wamacö lä yaileno weinö, walidiwä bä taimi lä culenaja, wama bä taö mai.

Cristo a cuu, äjä wano nabä bä da nojima, bä noji da asibla, bä bayeliblamaö da buji. Jesus a cuu.

> "Wamacö nojimayou ja, iba wajilamolewä wamacö no öjöböamou wä." (Juan 13:35)

Cama wa noji mölajabou ja, Cristo a no ujudibä lä jibäo no weinö, walidiwä wa taö maobä, waja bayeliblanö cama a shii jilajawä dablou.

> Yai bada tä no ujudibönö bä lä cadidou wei bä nojimayou. Bä buji doblalou, bä buji yanöcöwä bä shi jalimoimi. Bä noji, bä bejedimou. Dodijidawä bä taö cuyäimije. (Galatas 5:22-23)

Noji bä, jei täjä Yai bada tä ijilubö bäma ecö, obi bämacö nia lä cublou wei bäma a daimi showawä macui, jei bäma ta daö, Jesucristo a lä culenaja bämacö cublou wä (1 Juan 3:2). Showadi, Yai bada tä a da wayoma. Jödödöwä nashomi tä beji a doblao da jima a doblao lä jimaö wejei, a wano bejedi lä yubou wejei a lä nojimaö wejei, öjö bä bluca ija cama e tä a da wäyä. Showadi cama e tä da möö. Jäyäjä tä jaba da möö. Lucas, Juan, Hechos, Romanos. Yai bada tä no ujudibö äjä jilalewä cä a. Yai bada tä a lä cui äjä nii cäcö. Omawä ija wa noji bäyäobä cä tä cai... Yai Bada no ujudibönö wa lojoteblou wä.

Jei tä lä cubole, jawä noleshi bejedi ya nojimaö

> Jayanö, mau u boco daei lä culenaja, cajä Yai bada, bä daei cule. (Psalm 42:1)

¿Inaja wa cuu dao?

Cajänö wa tä shilo yaiyaö dao.

Paul D. Bramsen
resources@rockintl.org

Contenido extra

Cajä wamacö ija Yai bada tä nojimou je ja balojoonö, Jesucristo ija wamacö buji cuquei ja, wamacö jucäama, Dodijidawä wama bä lä tano wei bänö wamacö jucäa nomi … Iminomaija, Yai bada tä shi öjöde yalo, wamacö jucäama … Jaba dodijiwä inaja Yai bada tänö a tamaö bujima.

… Yai bada tä sho bämacö nojimayou yalo, bämacö buji yanöcöwä dodijiwä … Yai bada tä doblao lä culenaja, bämacö doblao nia cublou ja, bämacö buji ja mölajaonö, bämacö buji doblao je balojowä.

—Del Nuevo Testamento
(Efesios 2:8-10; Romanos 5:1-2 ntv)

Preguntas de repaso • Parte 1 • Antiguo Testamento

Esta lista ofrece una o dos preguntas para cada una de las setenta escenas. Las respuestas están en el texto de cada escena correspondiente. Tienes libertad para copiar estas páginas para estudios en grupo. Para más información, visita: **www.one-god-one-message.com** (recurso en inglés).

Número de escena • pregunta(s)

1 • El Rey de gloria tardaría miles de años en llevar a cabo sus planes. ¿Qué te dice esto acerca del Rey?

2 • Nombra las dos partes principales de la Biblia. ¿En qué se diferencian?

3 • ¿Crees las primeras palabras de las Escrituras (Génesis 1:1)? ¿Por qué?

4 • Incluso cuando existía solo Dios, nunca estuvo solo. ¿Qué entiendes de esta afirmación?

5 • ¿Qué podemos aprender de Dios a partir de las cosas que ha creado?

6 • Menciona algunas de las diferencias que Dios creó entre los humanos y los animales.

7 • ¿Por qué no le preguntó Dios a Adán si quería vivir en Edén?

8 • ¿Qué es el pecado? ¿Qué dijo Dios que le pasaría a Adán si desobedecía su mandamiento? ¿Cuál es otra palabra para muerte?

9 • Como Adán, Eva fue creada a imagen de Dios. ¿Qué significa eso?

10 • ¿Cuál es la atracción más grande del cielo?

11 • ¿Cómo entró el pecado en el universo?

12 • ¿Qué dijo el Señor que pasaría si el hombre comía el fruto del árbol del conocimiento del bien y del mal? ¿Qué dijo Satanás que pasaría?

13 • ¿Cómo entró el pecado a la familia humana?

14 • ¿Cuál fue el primer efecto del pecado? ¿De qué manera el pecado de Adán y Eva logró sustituir su honra por vergüenza?

15 • ¿En qué sentido murieron Adán y Eva el mismo día en que pecaron? ¿En qué sentido eran como una rama rota? (Ver también la página 160).

16 • Menciona algunas formas en las que la maldición del pecado arruinó la creación original.

17 • ¿Por qué crees que el plan secreto de Dios incluía un Salvador que sería la Simiente de una mujer (con una madre humana, pero sin padre humano)?

18 • ¿Qué hizo Dios para cubrir el pecado y la vergüenza de Adán y Eva? ¿Cómo les mostró que es un Dios de justicia, misericordia y gracia?

19• ¿Por qué expulsó Dios a Adán y Eva del huerto de Edén?

20• ¿Cómo afectó el pecado de Adán y Eva a sus hijos? ¿Cómo nos afecta a nosotros y a nuestras familias? (Ver también la página 161).

21• ¿Qué clase de cordero aceptaría Dios para morir en lugar del pecador?

22• ¿Qué significa propiciación (expiación)? ¿Por qué exigía Dios la paga de muerte?

23• ¿Qué hizo Dios con el pecado de Abel? ¿Qué estuvo mal en la ofrenda de Caín?

24• ¿Qué significa arrepentirse? ¿Qué deseaba Dios que hiciera Caín? ¿Qué hizo Caín?

25• ¿Qué nos enseña el diluvio mundial de los tiempos de Noé sobre la paciencia y el juicio de Dios?

26• ¿Qué fue lo primero que hicieron Noé y su familia al salir del arca?

27• ¿En qué sentido ilustra la torre de Babel la falsa religión?

28• ¿Cuáles fueron las dos grandes promesas que el Señor hizo a Abraham, si confiaba en Él y le seguía?

29• ¿Por qué perdonó Dios los pecados de Abraham y Sara, y los declaró justos?

30• ¿Qué le preguntó Isaac a su padre mientras subían al monte del sacrificio?

31• Dios había prometido hacer de Isaac el padre de una nueva nación. Como Abraham sabía que Dios no puede mentir, ¿qué pensó que haría Dios después de sacrificar a Isaac sobre el altar?

32• ¿Por qué llamó Abraham al monte EL Señor Proveerá? ¿Murió el cordero en lugar de Isaac ese día?

33• ¿Cómo cumplió el Señor las dos grandes promesas que le hizo a Abraham?

34• Si nos esforzamos por obedecer los mandamientos de Dios, ¿podemos llegar a ser lo suficientemente buenos como para tener el derecho de vivir con Dios en el cielo? ¿En qué sentido son los Diez Mandamientos como un espejo? ¿De qué manera nos muestran los Diez Mandamientos que necesitamos un Salvador?

35• ¿Por qué razón los sacrificios de animales no podían quitar la deuda de pecado del mundo?

36• Escoge una profecía del pergamino y explica cómo señalaba al Salvador venidero.

Preguntas de repaso • Parte 2 • Nuevo Testamento

37• ¿Por qué utilizó Dios a cuatro personas (en vez de una sola) para escribir la historia del evangelio sobre Jesús?

38• ¿Por qué llamó el ángel Gabriel a Jesús *el Hijo de Dios*?

39• ¿Qué significa el nombre *Jesús*?

40• ¿Qué es lo que más te gusta de la historia del nacimiento de Jesús?

41• El ángel les dijo a los pastores: "¡Hoy les ha nacido... un Salvador, que es Cristo el Señor!" ¿Por qué se emocionaron al escuchar esta noticia?

42• ¿Estuvo bien que los magos adoraran al niño Jesús? ¿Por qué?

43• ¿En qué sentido era Jesús diferente a los demás niños?

44• ¿En qué manera era distinto el mensaje de Juan al de los profetas anteriores? ¿Por qué crees que Juan señaló a Jesús y dijo: "¡Aquí tienen al Cordero de Dios, que quita el pecado del mundo!"?

45• Mira esta escena otra vez y di algo que sabes de las Escrituras acerca del Espíritu de Dios, el Hijo de Dios y el Padre celestial.

46• ¿Por qué trató de lograr Satanás que Jesús pecara?

47• Después de leer del libro del profeta Isaías, Jesús dijo: "Hoy se cumple esta Escritura en presencia de ustedes". ¿Por qué crees que se enojaron sus vecinos?

48• ¿En qué sentido era Jesús el *Brazo de Dios* en la tierra? ¿Por qué le temían los demonios?

49• Cuando Jesús ordenó a la tormenta: "¡Silencio! ¡Cálmate!", los discípulos dijeron: "¿Quién es éste, que hasta el viento y el mar le obedecen?" ¿Quién crees *tú* que es Jesús?

50• ¿Por qué acusaron de blasfemia los líderes religiosos a Jesús?

51• Jesús dijo: "Yo soy la resurrección y la vida. El que cree en mí vivirá, aunque muera". ¿Cómo sabemos que dijo la verdad?

52• ¿Qué le dijo Jesús a la gente que regresó el día siguiente en busca de más comida?

53• Repasa esta escena y menciona algo que Jesús dijo que te sorprendió.

54• Los profetas dijeron que el Mesías era "el sol de justicia". Jesús dijo de sí mismo que era "la luz del mundo". ¿De qué forma es Jesús distinto a los profetas?

55• ¿Qué creían los discípulos que debía hacer el Mesías? ¿Qué vino a hacer el Mesías?

56• ¿Por qué entró el Señor Jesús a Jerusalén cabalgando sobre un humilde burro, en vez de un caballo de guerra poderoso?

57• ¿Por qué no podían lograr los líderes religiosos que Jesús dijera algo equivocado?

58• ¿Por qué dijeron el sumo sacerdote y los gobernantes judíos que Jesús debía ser ejecutado?

59• ¿Por qué condenó a muerte Pilato a Jesús?

60• Los soldados metieron una corona de espinas en la cabeza de Jesús. ¿A qué nos recuerdan los espinos?

61• ¿Cómo se cumplieron en Jesús las profecías de Abraham? ¿Cuán valioso eres para Dios?

62• Dos ladrones fueron crucificados junto a Jesús. Hoy, uno de ellos está en el infierno (separado del Señor para siempre) y el otro está en el cielo (con el Señor para siempre). ¿Qué fue lo que marcó la diferencia?

63• Mientras el Señor Jesús colgaba en la cruz en la oscuridad, ¿qué cargó el Padre celestial sobre Él? ¿Por qué dijo Jesús: "Todo se ha cumplido"? ¿Por qué rasgó Dios la cortina del templo?

64• ¿Recordaron los discípulos la promesa de Jesús sobre su resurrección? ¿La recordaron los malvados líderes religiosos?

65• ¿Qué encontraron las mujeres cuando llegaron a la tumba el domingo por la mañana? ¿Qué hicieron los líderes religiosos respecto a la tumba vacía? Si confío completamente en Jesús, el Cordero de Dios que murió por mis pecados y resucitó, ¿por qué ya no necesito tener temor de la muerte?

66• ¿Por qué les dijo el Señor Jesús a los dos viajeros del camino a Emaús que eran necios?

67• Cuando el Salvador resucitado apareció en la habitación, Tomás le dijo: "¡Mi Señor y mi Dios!". ¿Tenía razón Tomás al llamarle su Señor y su Dios? ¿Por qué?

68• ¿Qué les dijo Jesús a sus discípulos que hicieran después de que Él regresara al cielo?

69• ¿Quién es el Rey de gloria? ¿Qué piensas de Él?

70• Cuando regrese el Rey, ¿estarás feliz o asustado? ¿Por qué?

Rey de gloria

Notas finales

1 **Detrás del escenario:** Mientras que Alicia en el País de las Maravillas se ha traducido a casi 200 idiomas, la Santa Biblia se ha traducido, de forma parcial o completa, a más de 2500 idiomas.

2 **Detrás del escenario:** La veracidad de la Biblia se confirma por la arqueología, la historia secular, la profecía cumplida y la coherencia perfecta de una compleja historia escrita a lo largo de casi dos milenios.

3 **Escena 2:** El rey no solo es el Creador y Sustentador de su universo, sino también el Autor y Guardián de su libro. Los rollos del Mar Muerto confirman que las Escrituras del Antiguo Testamento de hoy son las mismas Escrituras que existían antes del tiempo de Cristo. Las Escrituras del Nuevo Testamento se corroboran por miles de manuscritos antiguos, muchos de los cuales datan de los primeros siglos después de Cristo. La afirmación popular de que los textos originales fueron alterados y corrompidos por hombres no se basa en los hechos. Ver *Un Dios Un Mensaje*, capítulo 3.

4 **Escena 5:** Para una mirada más profunda de cómo se ven los atributos de Dios en los seis días de la creación, ver *Un Dios, Un Mensaje*, capítulo 8.

5 **Escena 6:** Puesto que Dios es UNO, ¿por qué dice "HAGAMOS al ser humano a NUESTRA imagen..."? La respuesta se encuentra en su unidad compleja. En las Escrituras, la palabra hebrea para "Dios" es *Elohim*, un sustantivo plural. La palabra para "uno" en la oración "Dios es uno" es *echad*, que puede indicar una unidad compuesta. En la eternidad, antes de crear a los ángeles o al hombre, Dios disfrutó de la comunión dentro de sí mismo (con su Verbo/Hijo y el Espíritu Santo). "Dios es grande y nosotros no lo conocemos" (el Profeta Job 36:26).

6 **Escena 6 & 7:** Los mismos elementos químicos que componen el cuerpo están presentes en el polvo seco de la tierra. La ciencia no reconoció este hecho hasta hace poco. Mientras que la mayoría de los científicos basa su conocimiento en la observación y en las *teorías* (ideas de los hombres), el conocimiento de los que creen la Biblia se basa en la observación y en la *revelación* (la Palabra de Dios).

7 **Escena 11:** Para leer más sobre el origen de Satanás, ver *Un Dios Un Mensaje*, capítulo 11.

8 **Escena 16:** Si el lago de fuego, el lugar de castigo eterno, nos parece injusto o irracional, quizás es que aún no hemos comprendido la santidad absoluta de Dios, la naturaleza eterna del hombre, la gravedad del pecado y el concepto de eternidad. La sola palabra *eternidad* sobrecarga nuestra capacidad mental, ya que nuestro marco de referencia es el tiempo. La eternidad es atemporal. El Dios que creó el tiempo no está atado a éste (2 Pedro 3:8-9). La eternidad no se compone de años. Considéralo como *un eterno ahora*. Cuando los pecadores entren a ese reino ineludible, comprenderán su lógica solemne.

9 **Escena 17:** Rescatar (o redimir) significa *volver a comprar pagando el precio exigido*. En el capítulo 18 de *Un Dios Un Mensaje*, el autor ilustra este concepto con una historia de su infancia:

> De niño en California, tuve una perrita. Yo le daba de comer, la cuidaba y jugaba con ella. Me seguía a todas partes y se emocionaba cuando regresaba de la escuela. Sin embargo, tenía un defecto: a veces se marchaba y deambulaba por el vecindario, aunque siempre volvía. Hasta que un día... regresé a casa de la escuela, pero mi perrita no estaba ahí para recibirme. Cuando llegó la hora de acostarme, aún no había aparecido. Al día siguiente, mi padre me sugirió que llamara al refugio local de animales, un lugar donde se cuida a los perros y gatos extraviados durante un tiempo limitado. Los animales que nadie viene a recuperar se sacrifican.
>
> Llamé al refugio. Sí, tenían una perrita que coincidía con mi descripción. La habían recogido. Mi perrita era incapaz de salvarse a sí misma. Si no iba alguien en su rescate, sería sacrificada.

Fui al refugio. ¡Estaba a punto de recuperar a mi perrita! Pero el oficial en el mostrador me dijo que si quería recuperarla, debía pagar una multa porque era ilegal dejar a un perro suelto por la calle.

Pagué el precio exigido y la liberaron. ¡Qué contenta estaba de salir de esa jaula horrible y de regresar con quien la cuidaba! Había sido rescatada.

Esa experiencia de mi niñez de volver a comprar a mi perrita descarriada nos da una ligera idea de nuestra propia situación. Como pecadores rebeldes y condenados, no tenemos forma de rescatarnos a nosotros mismos del castigo de nuestro pecado, de la ley del pecado y de la muerte.

Necesitamos un Salvador que pueda pagar el precio del rescate.

10 **Escena 23:** Es posible que Dios mostrara su aprobación por el sacrificio de Abel haciendo lo que hizo en los días de los profetas Moisés, Salomón y Elías: "De la presencia del SEÑOR salió un fuego, que consumió el holocausto y la grasa que estaban sobre el altar" (Levítico 9:24, 2 Crónicas 7:1, 1 Reyes 18:38).

11 **Escena 30 & 61:** Moria (Moriah) significa *Escogido del SEÑOR*. Es la región donde tiempo después se construyó Jerusalén. Hoy, el monte Moria (Moriah) es el lugar donde se erigió en su día el templo de Salomón (2 Crónicas 3:1). No muy lejos, en la misma cordillera, está el "lugar llamado de la Calavera" (Lucas 23:33).

12 **Escena 36:** La profecía cumplida distingue a la Biblia de todos los demás libros del mundo. Las predicciones de los profetas sobre eventos futuros, seguidas de su cumplimiento en la historia, es una forma en la que Dios ha validado su mensaje. Solo Dios puede anunciar "el fin desde el principio; desde los tiempos antiguos, lo que está por venir" (Isaías 46:10). Jesús el Mesías dijo: "Les digo esto ahora, antes de que suceda, para que cuando suceda crean que yo soy" (Juan 13:19). Ver *Un Dios, Un Mensaje*, capítulo 5.

13 **Escena 41:** Cristo es la palabra griega equivalente a la palabra hebrea *Mesías*, que significa *El Escogido*.

14 **Escena 41:** Las fechas de los eventos históricos se basan en el año del nacimiento de Jesucristo. Por ejemplo, el profeta Abraham nació alrededor de 2000 a.C. (2000 años antes de que Cristo naciera). Este libro se escribió en 2011 d.C. (más de 2000 años después del nacimiento de Cristo). Muchos hoy usan a.e.c. (Antes de la Era Común) y e.c. (Era Común) para eliminar a Cristo de la abreviatura, pero el punto divisorio de la historia sigue siendo el nacimiento de Jesucristo.

15 **Escena 43:** "¿No es acaso el carpintero, el hijo de María y hermano de Jacobo, de José, de Judas y de Simón? ¿No están sus hermanas aquí con nosotros? Y se escandalizaban a causa de él" (Marcos 6:3). Como José no era el padre biológico de Jesús, Jesús tenía parentesco con sus hermanos por parte de su madre. Jesús era Hijo de Dios e Hijo del Hombre. Ver nota final 19 (Escena 52).

16 **Escena 43 & 58:** Cada año en la Pascua, los judíos recordaban un evento que había sucedido en los días de Moisés, cuando eran esclavos en Egipto. Sus ancestros habían sacrificado corderos y habían puesto la sangre en los marcos de las puertas, porque Dios había dicho: "Cuando yo vea la sangre, pasaré de largo" (Éxodo 12:13 NTV). A medianoche, el SEÑOR dio muerte al primogénito de cada hogar donde no hubiera sangre en los marcos de la puerta. Dios usó este evento para rescatar a su pueblo de 400 años de esclavitud.

17 **Escena 45:** En este lado del cielo, nunca comprenderemos plenamente la tri-unidad de Dios. Después de todo, Él es DIOS. Sin embargo, algo que todos comprendemos es el concepto de algo que es tres, aunque sea uno. Nuestro mundo está lleno de unidades tres-en-uno: el TIEMPO: pasado, presente y futuro; el ESPACIO: longitud, anchura y altura; el HOMBRE: espíritu, alma y cuerpo; el ÁTOMO: electrones, protones y neutrones. Nuestro SOL también es una tri-unidad. Llamamos al cuerpo celeste *sol;* a su luz, *sol*; y a su calor, *sol*.

Sin embargo el sol es *uno*. Así es con el SEÑOR, quien es el Padre eterno, el Hijo eterno y el Espíritu Santo eterno. Así como la luz y el calor proceden del sol, el Hijo (el Verbo) de Dios y el Espíritu Santo de Dios proceden de Dios, y sin embargo el SEÑOR "uno es" (Deuteronomio 6:4). Ver también Escena 4 y nota final 5 (Escena 6). Para leer más sobre la unidad compleja de Dios, y la naturaleza humana y divina de Jesús, *ver Un Dios, Un Mensaje* (capítulos 9 y 17). Mejor aún, ver el Evangelio de Juan.

18 **Escena 47:** Mesías significa *el Escogido*, o de forma más literal, *el Ungido*. En tiempos antiguos en el Oriente, cuando se investía a un nuevo rey, un sacerdote o profeta derramaba un aceite especial de unción sobre su cabeza para demostrar que era el nuevo soberano del reino. Jesús no fue ungido por un hombre, sino por el Espíritu Santo (ver Escena 45).

19 **Escena 52:** A menudo, Jesús se refería a sí mismo como el Hijo del Hombre. Siempre había sido el Hijo de Dios, pero se hizo el Hijo del Hombre. Como el Hijo de Dios, era el Verbo (la Palabra) que estaba con Dios en el principio (Juan 1:2; Génesis 1:3), pero como Hijo del Hombre, fue el Verbo que se hizo carne, el Escogido de Dios para ser el Salvador-Juez-Rey del mundo (Juan 1:14; Daniel 7:13-14).

20 **Escena 56:** Los fariseos eran miembros de una secta judía muy celosa. Algunos oraban seis veces al día, ayunaban tres meses al año y daban el diez por ciento de sus ingresos a los pobres (Lucas 18:9-14). Sin embargo, todo era un ritual vacío. Eran religiosos, pero no conocían ni amaban a Dios.

21 **Escena 68:** Para los que creen en el Señor Jesucristo, el bautismo es una forma de declarar su decisión de seguirle a Él. Sumergirse en el agua no quita el pecado. Simboliza la identificación de una persona con Jesús en su muerte, sepultura y resurrección. El bautismo de agua también representa el fin de la vida vieja y el comienzo de una nueva vida en Cristo.

22 **Escena 68:** No muchos días después de haber ascendido el Hijo de Dios al cielo, el Espíritu de Dios bajó a vivir en el corazón de cada hombre, mujer y niño que creían el evangelio. El libro de Hechos en el Nuevo Testamento registra la historia emocionante de cómo el Espíritu Santo dio poder a los discípulos para reflejar el carácter de Jesús y dar a conocer su mensaje entre las naciones. El camino de salvación de Dios no ha cambiado. Si tomas la decisión de creer su mensaje —que eres un pecador separado del Dios santo, incapaz de salvarte a ti mismo de la pena del pecado, y que Jesucristo llevó tu castigo en la cruz, fue sepultado y resucitó de los muertos— tú también recibirás el regalo del Espíritu Santo. Eso significa que el mismísimo Rey del universo vendrá a vivir en tu corazón. Se convertirá en tu nuevo Dueño, Padre y Amigo. Las Escrituras dicen: "Y ahora ustedes... también han oído la verdad, la Buena Noticia de que Dios los salva. Además, cuando creyeron en Cristo, Dios los identificó como suyos al darles el Espíritu Santo, el cual había prometido tiempo atrás. El Espíritu es la garantía que tenemos de parte de Dios de que nos dará la herencia que nos prometió y de que nos ha comprado para que seamos su pueblo. Dios hizo todo esto para que nosotros le diéramos gloria y alabanza" (Efesios 1:13-14, NTV). Dios es un Rey grande y maravilloso, y va a tener una familia grande y maravillosa con Él durante la eternidad. ¿Estarás allí?

Un Dios Un Mensaje

Para profundizar en el tema

Igual que *Rey de gloria,* el libro *Un Dios, Un mensaje* te lleva de viaje a través de las Escrituras de los profetas, pero de una manera más profunda al comparar el mensaje de la Biblia con otras cosmovisiones. Las preguntas que quedan sin respuesta en *Rey de gloria* (debido a las limitaciones del espacio y un público más juvenil), se contestan en *Un Dios, Un mensaje.*

Mientras que se necesitan menos de tres horas para leer *Rey de gloria* en voz alta, se necesitan unas doce para leer *Un Dios, Un mensaje.*

Al entrelazar experiencias personales, correos electrónicos de escépticos y una narración fresca de la historia más contada de todos los tiempos, este libro ofrece un marco para volver a pensar sobre las grandes preguntas de la vida.

- Autor: P. D. Bramsen
- Ilustrador: D. C. Bramsen
- Editorial: ROCK International y Editorial Portavoz
- ISBN 978-0-8254-1228-8
- 418 páginas
- Más de 30 ilustraciones
- Guía de estudio con 150 preguntas
- 271 notas finales
- Descargas gratuitas en árabe, albanés, chino, inglés, farsi, francés, ruso, español, turco, urdu, indonesio...

www.one-god-one-message.com

Este libro es una mina de verdades. El estilo de escritura es único y está lleno de interés humano.

—William MacDonald, autor del Comentario bíblico de William MacDonald y otros 80 libros

Los extractos de correos electrónicos le aseguran al lector que el autor no rehúye las preguntas difíciles.

—Vaughan, estudiante de medicina de Sudáfrica

Se lee como una historia policiaca, y en un sentido lo es.

—Theo, lector en Canadá

Después de leer este libro, la lógica de la Biblia cobra sentido y queda clara en mi mente. Eso ha despertado un interés en mí de leer la Biblia.

—Mohamed, corresponsal en el Oriente Medio

ROCK INTERNACIONAL PRESENTA

REY de GLORIA

LA PELÍCULA

Una presentación palabra por palabra del libro REY de GLORIA en varios idiomas

1 HISTORIA EN 2 PARTES. 70 ESCENAS EN 15 EPISODIOS.

PARTE 1: ANTIGUO TESTAMENTO: EL REY PREDICE SU PLAN	1 hora y 47 minutos	
1. Prólogo	*Escenas 1-3*	~ 10:40
2. El Creador y Su creación	*Escenas 4-9*	~ 19:04
3. La entrada del mal	*Escenas 10-15*	~ 15:10
4. La maldición del pecado y la promesa de Dios	*Escenas 16-19*	~ 11:57
5. El camino del sacrificio	*Escenas 20-24*	~ 14:58
6. La rebelión del hombre y la fidelidad de Dios	*Escenas 25-27*	~ 9:05
7. El Plan de Dios avanza	*Escenas 28-32*	~ 14:04
8. La Ley y los profetas	*Escenas 33-36*	~ 12:20
PARTE 2: NUEVO TESTAMENTO: EL REY CUMPLE SU PLAN	1 hora y 55 minutos	
9. La entrada del Rey	*Escenas 37-42*	~ 20:16
10. La naturaleza del Rey	*Escenas 43-47*	~ 15:32
11. El dominio del Rey	*Escenas 48-51*	~ 14:02
12. La misión del Rey	*Escenas 52-56*	~ 15:24
13. La sumisión del Rey	*Escenas 57-61*	~ 14:50
14. El sacrificio y triunfo del Rey	*Escenas 62-65*	~ 13:53
15. El evangelio y la gloria del Rey	*Escenas 66-70*	~ 18:26
How Great is Our God (Sung in Arabic)	*Credits*	~ 2:45

"La película me explicó las cosas en una forma que pude entender". — Eli, 7

"Experimenté la historia con todas mis emociones como si yo hubiera estado allá". — Lydia, 21

"La película me dio las respuestas que había estado buscando por la mayor parte de mi vida". — Medina, 35

"¡Explica algunas de las revelaciones más profundas en el universo en una forma simple pero poderosa!". — Dick, 74

REY DE GLORIA
CURRÍCULO

LIBRO PARA COLOREAR | GUÍA DE ESTUDIO ILUSTRADA | PELÍCULA EN MÚLTIPLES IDIOMAS | LIBRO DE IMÁGENES

www.king-of-glory.com